情報発

From Information to Knowledge

情報・ネットワーク・社会

川路 崇博
Takahiro Kawaji

はじめに

　高等学校で教科「情報」が必修化されて久しく、習熟度に差はあったとしても、全くコンピュータに触れたことがない者はずいぶん減った。しかし、情報関連科目に触れることで、本当に【情報を「収集」し「分析」し「発信」】（久留米大学，2006）できる段階にたどり着けているのかに関しては、疑問が残る。

　「情報リテラシー」という言葉が、Office 製品の使い方、また少しのプログラミング技術のことを指している風潮に、危機感を覚えている。情報リテラシーは、学士が保証する能力において、「情報通信技術（ICT）を用いて、多様な情報を収集・分析して適正に判断し、モラルに則って効果的に活用することができる」（文部科学省，2008）ことと定義されている。

　この学士で保証される情報リテラシーに加え、社会に出たとき汎用的に「情報」を扱うスキルを身につけて欲しいと考えている。そこで、一般のユーザとしての「初歩的な情報」に加え、さらに組織・社会での「広義な情報」の理解を目的とした、スキルの修得方法を模索し始めた。その第一歩が本書にあたる。

　本書は、「情報」に関する内容をあえて「紙」で提供した。このことに、どのような意味があるのか説明する必要がある。

　情報機器の発展とともに、講義内容のファイルが共有されるため、手書きメモをとる機会も減ったように感じる。また分からない言葉があれば、ネットですぐに検索をすることも当たり前となった。しかしこのことは、うわべだけの「分かった気になれる」現象を招いていると考えている。

　そこで、あえて説明が不十分なまま、関係する語を盛り込む形式の紙メディアを開発することにした。図表での説明をなるべく排し、「読者自らが内容を図解する」ことを想定している。余白をなるべ

く取り、読者が紙面に書（描）き込みをできるようにした。このことにより、最終的に本書が「読者オリジナルの情報媒体」として完成する。

　また、本書で扱っている範囲は、非常に広くそして大変浅い。よって、本書に書かれていることがすべてとは到底言えない。そこで、各部の最終章に「学習を進めるうえで参考となる文献ガイド」を示し、さらなる学習を深めるための足掛かりを示した。

　そして、原著にあたるという大原則に基づき、他の教科書ではあまり示されることがなかった原著の所在についても示している。ぜひ原著ではどう書かれているかを確認してほしい。原著が英文の場合もある。英文に邦訳がある場合は、それも併せて示した。

　第1部では、コンピュータそのものや情報機器の操作の基本について扱っている。おそらく本書を手に取る世代は、生まれながらにコンピュータに囲まれていただろう。デジタルネイティブのなかでも1996年前後に生まれた、96世代（橋元，2010）ではその傾向は顕著である。これが悪いことだとは全く思わない。しかし、少しだけコンピュータの原理原則に触れて欲しい。今後のコンピュータとの付き合い方も変わるはずである。

　第2部では情報と社会の繋がりを示した。大きな視点でのコンピュータの歴史や社会との接し方、そして情報化社会への移り変わりを示した。さらに、情報に囲まれたときに、どう振る舞うべきかを、セキュリティの基本から触れた。そしてコンピュータによる大量の情報に埋もれた中で、自らのオリジナリティを発揮するための方略も示している。

川路 崇博

目　　次

第1部　「情報」と社会

第1章　コンピュータことはじめ ·· 9
1-1. ハードウェアは固いんですか？　9
1-2. 頭脳はどうなっている？　CPU：制御装置と演算装置　10
1-3. 機械も覚える！　メモリ：主・補助記憶装置　11
1-4. 信号を伝える　入力装置　12
1-5. 信号が出てくる　出力装置　17
1-6. ソフトウェアは軟らかいんですか？　20
コラム　欧文通話表と和文通話表　23

第2章　コンピュータにも種類あり ····································· 25
2-1. 形によって分類　25
2-2. 使い方によって分類　27
2-3. OS によって分類　28
2-4. その他の分類　29
コラム　昔のプログラミング学習法　30

第3章　コンピュータの操作、その前に ······························ 31
3-1. 電気がないと動かない！　31
3-2. 電源のオンとオフ、正しくできる？　32
3-3. 記号とその読み方・意味など　35
コラム　大昔のプログラマ　37

第4章　Windows の操作 ··· 39
4-1. サインイン　39
4-2. サインアウト　40
4-3. スタート画面　41
4-4. 文字の入力　42
4-5. ローマ字で入力：どうやって入力するのか？　43
4-6. ファンクションキーの便利な使い方　45
4-7. その他の変換方法　45
4-8. ショートカットキー　46

第5章　ファイルとフォルダ（ディレクトリ）、そしてディスク····· 51
5-1. ファイルとフォルダ　51
5-2. ディスク　52

第6章　基本的なアプリケーション ···············55

6-1. Internet Explore（Edge）　55

6-2. エクスプローラー　55

6-3. メモ帳　55

6-4. ペイント　56

第7章　電子メールを扱おう ·······················57

7-1. ネットでのコミュニケーション　57

7-2. メーラ（メールソフト）　58

7-3. To、Cc、Bcc、件名（Subject）そして本文　58

7-4. メールの書き方　59

7-5. 返信と転送　61

7-6. 本文の書き方：パート別に　62

7-7. メールの欠点　65

7-8. メール以外でのコミュニケーション　66

第8章　ソーシャルメディアとは ···············67

8-1. ソーシャルメディアのサービス　67

8-2. ソーシャルメディアの影響　71

8-3. メディアの融合　71

8-4. ソーシャルメディアでのトラブルを避けるために　74

コラム　人間の動きからクラッキング　76

第9章　ネットワーク時代の知的生産性の向上 ···············77

9-1. 日常的な情報収集　RSS リーダ　Inoreader　78

9-2. あらゆる環境からアクセス　Dropbox　80

9-3. 情報の統合　Evernote / OneNote　80

第10章　さらに学習を進めるうえで参考となる文献ガイド ··83

第2部　情報と「社会」

第1章　コンピュータ社会のはじまり ················ 87
1-1. コンピュータのはじまり　88
1-2. コンピュータの商用利用と情報化の進行　89
1-3. 処理方法の変遷　92
コラム　ホビー PC　95

第2章　企業とコンピュータ ······················ 97
2-1. EDPS　97
2-2. MIS　97
2-3. DSS　98
2-4. SIS　99
2-5. その後の情報システム　100

第3章　インターネット ·························· 101
3-1. インターネットの成り立ち　101
3-2. インターネットの仕組み　103
3-3. インターネットの代表的なサービス　106
コラム　おじさんが D を「デー」と言う　108

第4章　情報セキュリティ ························ 109
4-1. 情報セキュリティの要素　110
4-2. マルウェア　111
4-3. ソーシャルエンジニアリングに対して　116

第5章　情報モラル ····························· 119
5-1. 著作権　119
5-2. 情報を適切に扱う　121
5-3. インターネット上の情報を適切に扱う　124
5-4. その他の情報を適切に扱う　125

第6章　さらに学習を進めるうえで参考となる文献ガイド ··· 129

参考文献 ································· 131
あとがき ································· 136

第1部
「情報」と社会

第1章　コンピュータことはじめ

　コンピュータを扱い始めると、ハードウェア（ハード）とソフトウェア（ソフト）という言葉を耳にするだろう。ハードウェアは物理的な装置のことを、ソフトウェアはプログラムなどを指す。コンピュータでは両方が揃い、はじめて機能する。

　コンピュータに限らず、ハードウェアとソフトウェアという言葉は利用されている。例えば、ゲーム機やテレビはハードであるし、ゲームや映像コンテンツはソフトである。目に見えるものがハードウェアで、目に見えないものがソフトウェアと分類できると言えよう。本章では、この分類を普段はあまり意識することはなくても、単なる「ユーザ」で終わらぬように基礎的な事柄について述べる。

1-1. ハードウェアは固いんですか？

　コンピュータは、制御装置、演算装置、記憶装置、入力装置、出力装置の5つから構成されている。これを「コンピュータの5大装置」という。国家資格などでは重要な概念として登場するが、現在のコンピュータにおける基本的なアーキテクチャ（構造）を示したレポート（Neumann, 1945）で、この5つの装置に近似した記述がみられる。

　一般的に、制御装置と演算装置はひとまとめになっており、これを CPU（Central Processing Unit）と呼ぶ。日本語では「中央演算装置」や「中央処理装置」と訳されている。記憶装置は、さらに主記憶装置と補助記憶装置に分けられる。入力装置の例としてキーボードやマウスが、また出力装置の例としてディスプレイ（モニタ）やプリンタが挙げられる。

— 9 —

第1部　「情報」と社会

表1：装置名と具体例の対応

装置名		具体的な例
制御装置		CPU（中央演算装置、中央処理装置）
演算装置		
記憶装置	主記憶装置	メモリ
	補助記憶装置	ハードディスク、CD-R、DVD-R
入力装置		キーボード、マウス
出力装置		ディスプレイ（モニタ）、プリンタ

出所：著者作成

1-2. 頭脳はどうなっている？　CPU：制御装置と演算装置

　CPU は人間に例えると「脳」と言え、コンピュータ全体の「制御」と計算する「演算」の両方の機能を持つ。CPU の性能は、クロック周波数やコアの数などで表される。CPU の性能向上は、集積回路のトランジスタの数が一定期間でほぼ2倍[1]になるという「ムーアの法則」（Moor, 1965）によるとされている。

　デスクトップ PC やノート PC の分野では、Intel の Core シリーズなどが採用される場合が多いが、AMD の CPU が使われることもある。スマートフォンやタブレットで採用される CPU では、Qualcomm や HiSilicon、Apple（A シリーズ）のものがある。これらでは、主に ARM アーキテクチャ（の基本となる部分）が利用され、各メーカは ARM からライセンスの提供を受けて製造していることが多い。

---

1. 少なくとも 1975 年、さらに将来のトランジスタの集積度を、経験則から予想をしたもの。

第 1 章　コンピュータことはじめ

1-3. 機械も覚える！　メモリ：主・補助記憶装置

　メモリというと、主記憶装置のことを指すことがある。その前にメモリを RAM（Random Access Memory）と ROM（Read Only Memory）の 2 つに分類する。

　主記憶装置で利用される RAM は、電源を切るとデータが失われる「揮発性」のメモリである。RAM は読み書きが自由にできる。RAM の中でも、DRAM（Dynamic RAM）が主記憶装置でよく用いられる。

　Dynamic（動的）があるのであれば、Static（静的）もあるのではないか、というカンは当たっている。SRAM（Static RAM）は CPU と DRAM の間にあるキャッシュメモリとして利用されている。動的か静的かの違いは、自然放電するコンデンサに対応し再書き込みの必要があるかないかである。

　一方、ROM は電源を切ってもデータが失われない「不揮発性」の読み込み専用メモリである。しかし、例外も存在する。

　例えば、ROM に紫外線を照射することでデータを消去して書き換えができる EPROM（Erasable PROM）や、電気的な処理によってデータを消去して書き換えができる EEPROM（Electrical EPROM）がある（一種に SD カードなどフラッシュメモリがある）。これらは、PROM（Programmable ROM）と呼ばれている。

　補助記憶装置は、主記憶装置より読み書きは低速ではあるものの大容量のデータを扱うことができる。ハードディスクドライブ（HDD）や SSD などがこれにあたる。これらは、コンピュータ本体に内蔵されており、多くの場合移動させることは難しい。

　一方、移動可能な補助記憶装置のメディア（リムーバブルメディア）もある。例えば、光ディスク（CD-ROM など）や前述のフラッシュメモリ（SD カード、USB メモリ）などである。

— 11 —

第1部 「情報」と社会

1-4. 信号を伝える　入力装置
キーボード

　キーボードは、主に指でキーを押下することにより、コンピュータへ信号を送信する。特殊なものを含めれば、実に多くのキーボードが存在し、使われている。

　一般的に使われているキーボードは、そのキーの配置から「QWERTY（クウォーティ）配列」のキーボードと呼ばれている。理由はキーボードの Tab キーの右にある「Q」キーから順に読むと分かる。

　ブラインドタッチ（タッチタイピング）を苦手とするユーザもいるだろう。特殊な用途[2]やこだわりによって選択されたキーボードでなければ、世の中のほとんどのキーはほぼ同じ並び（QWERTY 配列）をしている。よって、早い段階で「慣れる」べきである。

　フリーのタイピング練習アプリケーションもある。これは教わるものではなく、「慣れる」ものである。

　「F」に左手人差し指、「J」に右手人差し指を置いてそのまま空いている指をキーボードに添えよう[3]。これは「ホームポジション」といい、キー入力において、もっとも基本的なフォームとなる。

　ただし、一本指で入力することも否定しない。同じ速度で入力でき、しかも内容がよければそれでもよいと考えるのが道理

---

2. ステノキャプショナと呼ばれる専門家が使う、字幕入力用キーボードがある。テレビの生放送でも字幕が付くのは、ステノキャプショナがデータを入力しているためである。
3.「F」と「J」は他のキーと比べると少しへこんでいたり、突起物がついていたりする。これはキーが触覚ですぐにわかるようにするための工夫である。なお、デスクトップPCのキーボードの右側にあるテンキーでは「5」に、その形が取り入れられている。

— 12 —

だろう。もし一本指入力が否定されるのであれば、もっと日本語を効率的に入力するために、ローマ字入力ではなく、かな入力[4]が推奨されるべきである。

日本語環境下では、大きく 106 キーボードと 109 キーボードがある。ANSI 配列（QWERTY 配列に記号やその他必要なキーを追加した配列）である 101 キーボードを基本にし、日本語用にキーを追加した 106 キーボード、さらに 109 キーボードでは、Windows キーとアプリケーションキー（またはメニューキー）を追加している。一般的に Windows キーはキーボードに 2 つ付いているため、106 キーボードから合計 3 つ追加されたことになる。

キーボードでの入力において、ユーザにストレスを感じさせない（≒効率よく入力ができる）ために、さまざまな配列や形状が考えられてきた。集合研修などで統一的に同じキーボードを使うこともあるだろうが、自分の好みの配列や形状、タッチ感などで選ぶとよい。

近年 Apple のコンピュータを購入する際、US キー（英字キー）配列を選択するユーザもいる。また、ノート PC では、スペースの問題で方向キー（矢印キー）の配置がデスクトップ PC 用のキーボードと異なる場合がある。これを嫌い、できるだけデスクトップ PC 用キーボードに似ている配置のキーボードを搭載するノート PC を選択するユーザもいる。

---

4. キーボードの操作にコンピュータからではなく、ワードプロセッサ専用機から入ったユーザには、かな入力する者が見られる。

— 13 —

第1部 「情報」と社会

マウス

マウスの操作でデスクトップやアプリケーションにあるポインタ（通常左上を向いている矢印）を縦横斜めに動かすことができる。マウスはポインティングデバイスのひとつに分類されている。

ポインティングデバイスとは、画面上のポインタを操作する入力装置である。GUI（Graphical User Interface）環境下で直感的な操作を可能にするデバイスの代表格ともいえる。

Windows 環境下で一般的に使われるマウスは、2つのボタンと1つのホイールで構成されている。しかし、Web ブラウジングやゲームのために左右ボタンの他にもボタンが追加されているマウスもある。

また、ホイール部分もボタンになっているものもある。UNIX系 OS では3つボタンが使われていたり、Apple のコンピュータには1つしかボタンがなかったりする。

コンピュータとの接続は、有線によるものと無線によるものがある。有線での接続では、PS/2 接続、USB 接続などがある[5]。現在は USB 接続されることが多い。

もともとネズミ形状のため、「マウス」と呼ばれるようになった入力装置であるが、しっぽの部分を排した無線で接続可能なマウスもある。

イメージスキャナ

イメージスキャナは図や絵、写真などを画像データとして読み取る装置である。単にスキャナとも呼ばれる。

---

5. かつてはシリアル接続もよく見られた。

— 14 —

家庭用では複合プリンタにその機能が追加されている場合もある。近年、名刺のデータ管理や、「自炊」と呼ばれる物理的な書籍を裁断し、データ化する作業などにも利用されている。

スキャナに関するものとして、取り込んだ画像データをテキストデータに変換するソフトウェアがある。これを OCR（Optical Character Recognition）ソフトウェアという。

ペンタブレット

近年、画面サイズが大型化したスマートフォンや 2 in 1 タブレット（ノート PC）も普及し始め、スタイラスペンでの入力も一般化しつつある。ペンタブレットでは、専用のパネルから、スタイラスペンなどで位置情報を入力する。絵やマンガを描く際に利用されることが多い[6]。

ペンタブレットには、通称「板タブ」と呼ばれる板そのものから入力するものと、「液タブ」と呼ばれる PC の画面が表示されたパネルから入力するものがある。板タブではペンでなぞってもなにも変化がない「板」にペンを走らせ、手元ではなくディスプレイを見ながら作業することになる。よって、板タブではその入力に慣れが必要とされている。一方液タブは、パネルにPC の画面が表示され、それに直接入力することができるため板タブほどの入力練習は必要としない。

人間は、なにかを書（描）くときに、手元（ペン先）を見る。このような実世界に近い方法での入力が、液タブでは可能である。しかし、液タブは板タブと比較すると高価である。

---

6. ペンタブレットメーカである Wacom のサイトに、実際にペンタブレットを使って入力している動画が公開されている。参考：https://tablet.wacom.co.jp/

第1部 「情報」と社会

図1：ペンタブレット（板タブ）を使い、デジタルノートを作成（出所：著者撮影）

その他の入力装置

　コンビニエンスストアで買い物をした際、レジではバーコードを読み取り計算をする。この装置をバーコードリーダという。
　またゲームや機械の操作のシーンでは、レバーを倒すことによって位置情報を入力する、ジョイスティックが利用されることがある。さらにノートPCやスマートフォン、タブレットには、カメラやマイクが入力装置として標準的に備えられている。デスクトップPCでもカメラやマイクを取り付け、音声チャットやビデオチャットに利用されている。
　身近なところであると、回転すし店での注文やATMではタッチパネルが利用されているし、クレジットカードは磁気カードスキャナでデータの読み取りがなされる。このように、入力装置は時と場合により、その形状はさまざまである。

第1章 コンピュータことはじめ

1-5. 信号が出てくる　出力装置

ディスプレイ（モニタ）

　ディスプレイは、コンピュータから出力されたデータを画面上に表示する。かつてはブラウン管方式のディスプレイ（CRT）が利用されていた。

　ブラウン管時代、グリーンディスプレイやアンバーイエローディスプレイという、一色しか表示できないディスプレイがあった。その後カラー化されるものの、重いうえ、ブラウン管内部で電子線を蛍光体に当てるまでにある程度距離が必要になるため、奥行きが必要であった。そこで、PC用の机を事務机とは別に準備することもしばしばであった。

　その後、液晶ディスプレイ（LCD）の低価格化・高解像度化、さらに画面サイズの大型化が進み、現在では主流となっている。液晶ディスプレイは年々高性能化しているとはいえ、動きの多いコンテンツ（動画など）を表示すると、残像感がある場合がある。

　理由は複合的であるが、一般的に応答速度が遅いことがその要因として挙げられる。この応答速度が速いものほど、動くものを表示するときの画質は向上する傾向にある。

　その他近年では、有機ELディスプレイ（OELD）も本格的に採用され始めた[7]。まだ高価ではあるが、スマートフォンへの採用も見られるなど、今後普及が見込まれる。

---

7. 例えば、ThinkPad X1 Yoga OLED がある。参考：http://shopap.lenovo.com/jp/notebooks/thinkpad/x-series/x1-yoga/

— 17 —

第1部 「情報」と社会

プリンタ

　プリンタは、コンピュータからのデータを、紙などに出力する装置である。出力先は紙に限らず、3D プリンタを利用して削り出したり材料を組み合わせたりすることにより、立体を出力することもできる。

　その性能は印刷の品質と速度で評価される。まず、品質を計る指標として解像度がある。ディスプレイとは異なり、1インチ平方[8] あたりのドット数を示す dpi（dot per inch）を使う。

　印刷の速度を計る指標には、1秒間に何文字印刷ができるかを示す cps（character per second）と1分間に何ページ印刷ができるかを示す ppm（page per minute）がある。前者はドットインパクトプリンタの指標として、また後者はレーザプリンタの指標として用いられる[9]。

ドットインパクトプリンタ

　ドットインパクトプリンタは、近年家庭ではあまり見かけなくなった。「ヘッドピンがインクリボンを叩きつける」という方法でプリントをすることから、単純な印刷だけではなく、カーボン紙付き伝票への印字でも利用されている。

　このプリンタには、トラクタフィーダという装置がついていることがある。トラクタフィーダは歯車のような形状をしている。これが回転して歯（突起）部分が、印刷する用紙の両端に等間隔に空いている穴に入ることを利用し、紙送りをする。その印刷方法から、印字時の音が他のプリンタと比較すると独特

---

8. 1インチは、約 2.54cm。
9. 性能尺度がページ単位であることは、レーザプリンタが「ページプリンタ」と呼ばれることからも分かる。

— 18 —

第1章　コンピュータことはじめ

で大きい。

インクジェットプリンタ

　インクジェットプリンタは、インクを紙に吹き付けることにより印刷する。このプリンタは家庭にも広く普及している。インクを吹き付けるため、出力結果ににじみを感じることがある。また水に弱い[10]。

　印刷速度は後述するレーザプリンタに劣るものの、発色の良さから画像印刷に利用されることもある。平面でありインクが乗るものであれば、紙以外への印刷も可能である。例えば、CD-R や DVD-R のラベル面印刷機能を持つインクジェットプリンタもある。

　写真やはがき（年賀状など）への印刷にとどまらず、大型プリンタとして模造紙（A1 サイズなど）へのプリントにも耐えうる機種もある。また複合プリンタとして、イメージスキャナや FAX の機能も持つ機種もある。

レーザプリンタ

　レーザプリンタは、コピー機の仕組みを利用している。トナーと呼ばれる粉末を、電気的な方法で紙に付着させることによって印刷する。

　インクジェットプリンタよりも高速で、高品質な印字が可能であるが、本体が高価で重量もある。また、カラーレーザプリンタもあるが、発色はインクジェットプリンタに分がある傾向がある。モノクロもカラーも熱を使ってトナーを付着させるた

---

10. 顔料インクで印刷した場合、ある程度にじみをおさえることができる。

め、コーティングがされたコート紙には使用してはならない（熱
でコートが融けてしまうため）。

その他のプリンタ

設計図の印刷など図形を主に描くために、X-Y プロッタがあ
る。さまざまな方式はあるが、用紙ではなくペンを動かして出
力する（ペンを使わない方式もある）。現在は特殊な用途を除き、
大型インクジェットプリンタにリプレイスされている。

ペンの代わりにカッターを使い、カッティングシートなどを
切るカッティングプロッタもある。印刷ではなく工作をする装
置であるためプリンタと分類しにくいが、基本的な仕組みは
X-Y プロッタのそれである。看板づくりなど業務シーンでは盛
んに利用されている。

工作という意味では、3D プリンタもこの仲間だと言える。3D
プリンタは二次元に印刷するのではなく、立体（三次元）を造
形する。これにも数多くの実現方式がある。

1-6. ソフトウェアは軟らかいんですか？

前述のとおり、コンピュータはハードウェアのみでは動作し
ない。併せてソフトウェアも必要である。あらゆるところで耳
にする「パソコンは、ソフトがなければただの箱」[11] とは言い得
ている。

ソフトウェアは OS（Operation System）とアプリケーション
（Application）に分けられる。また、OS とアプリケーションの
間にはミドルウェア（Middleware）もある。

---

11. コンピュータを扱っていたテレビ番組（パソコンサンデー）で、講師として出演
していた宮永好道氏の言葉だと言われている。

第1章　コンピュータことはじめ

　ソフトウェアは階層構造で説明される。階層の下位になるほどハードウェアに影響が大きく、また上位になると影響は少なくなる。ソフトウェアが階層構造をもつ利点は、上位の層はすぐ下の層のみを参照すればよいことにある。このような階層構造は、通信機能のモデルである OSI 参照モデル[12] にもある。

OS

　OS は基本ソフトウェアとも呼ばれる。Windows や macOS、Android、iOS などがそれに該当する。狭義にはカーネル（Kernel）のみを OS とするが、言語プロセッサやサービスプログラムも含む考えもある（広義の OS）。

　カーネルはアプリケーションとハードウェアを結びつける重要や役割を持つ。メーカが異なる、さらには型番も異なるハードウェアでも、同じアプリケーションを動作させることができるのは、OS がハードウェアを抽象化してくれているためである。

　言語プロセッサは、プログラミング言語で書かれたプログラムをコンピュータが理解することができるマシン語（機械語）に翻訳する。サービスプログラムは、ユーティリティプログラムとも呼ばれ、エディタなどがこれに該当する。

アプリケーション

　アプリケーションは「応用ソフトウェア」とも呼ばれる。一般ユーザがコンピュータで何らかの機能を手に入れる際に利用するソフトウェアのほとんどがアプリケーションであろう。ス

---

12. 上位から、「アプリケーション層」「プレゼンテーション層」「セッション層」「トランスポート層」「ネットワーク層」「データリンク層」「物理層」の7層に分けられている。後述する LAN ケーブルはこのうちの物理層にあたる。

— 21 —

第1部 「情報」と社会

マートフォンではさらに短くアプリとも呼ばれている。

　代表的なアプリケーションとして、Office 製品や Web ブラウザ、業務用のアプリケーションでは、会計ソフトが挙げられる。このように、特定の目的のためにアプリケーションは作られている。

　OS には、初めから導入されている（バンドルされている）アプリケーションもある。また、のちに個々のユーザやシステム管理者が導入（インストール）するものもある。

ミドルウェア

　ミドルウェアの例として、しばしばデータベース管理システム（DBMS : DataBase Management System）が取りあげられる。簡単なデータベースであれば、Excel や CSV ファイルの操作で困らないが、大量のデータを扱ったり、排他制御[13]やトランザクション処理[14]を必要としたりする場合、これらでの対応は現実的とは言えない。

　もしミドルウェアとして DBMS がなかった場合、アプリケーション側にアプリケーション毎にデータベース管理システムの機能を記述するか、OS にその機能を持たせるかどちらかが必要となる。前者の場合、個々にその機能を記述する必要が、また後者の場合データベースに機能追加をしたとき OS を書き換える必要が発生する。このような煩わしさを、アプリケーションと OS の中間にあたるミドルウェアによって解消している。

---

13. 何らかの資源（ファイルなど）を複数のプロセスが同時にアクセスしないよう独占利用させ、整合性を保つ仕組みのこと。
14. 関連する複数の処理をひとまとめにして、一個の単位の処理として扱う処理のこと。

第1章 コンピュータことはじめ

コラム　欧文通話表と和文通話表

　アルファベットを確実に相手に音声で伝達するために、「欧文通話表」が設定されている。A であれば「エー」を「アルファ」、B であれば「ビー」を「ブラボー」と発話する。確実にアルファベットを相手に伝えるための工夫である。

　これらはフォネティックコード（Phonetic code）として国際民間航空条約（シカゴ条約）で定められており、世界共通に利用されている。よく映画やドラマで「こちらアルファ、これから＊する！」などの台詞を耳にしたことがあるだろう。

　日本語にも和文通話表がある。無線局運用規則 別表第五号 通話表に定められている。「あ」は「あさひの『あ』」、「い」は「いろはの『い』」から始まり「おしまいの『ん』」へと続く。ずいぶん昔からあるため、「ぬ」が「ぬまづの『ぬ』」であったり、「み」が「みかさの『み』」であったりと、現代ではすぐに分かりにくいものも残っている。

第2章　コンピュータにも種類あり

　コンピュータは、もともと数値演算を目的に作られた装置である。そのことから、「電子計算機」（略して、電算機や単に計算機など）と呼ばれていた。特に80年代、オフィスにおけるコンピュータ利用が当たり前となり、計数処理以外の分野も含めたOA（Office Automation）化が広がっていった。

　一方で、個人用途では、ワンボードマイコンが登場するものの、あくまでも趣味レベルのコンピュータであった。しかし、その後MZ-80シリーズ、PC-8001シリーズといった個人用途のコンピュータに加え、PC-9801シリーズを代表とするビジネス向けPC（Personal Computer）が登場し普及し始めた。

　一般家庭へのコンピュータ普及を決定づけたといえるのは、OSであるWindows 95の登場であろう。さらに、ISDNやADSL（2000年頃）、そして光回線などのブロードバンドが一般化すると、コンピュータ単体ではなく、ネットワークに接続した利用も広がっていった。

　このような経緯から、現在ではコンピュータをみたことがないという人は少数と言える。しかし、一口に「コンピュータ」といっても、切り口によってさまざまな種類に分類できる。

　そこで本章では、まず大まかにその形状によって分類する。合わせて、その形態やその他の分類についても述べる。

2-1. 形によって分類

　デスクトップPCは、その名が示す通り「机の上の」PCを意味している。デスクトップPCは、一般的に他のPCと比較すると、高性能で記憶容量が大きい。また、その機能拡張性も高い。さらに用途にもよるが、比較的価格は安い。しかし欠点として、

— 25 —

第1部　「情報」と社会

本体サイズがスペースをとったり、一度据え付けると移動させにくかったりする。

　ノートPCは、重さも数キロ程度に収まり、入出力装置が本体とおおよそ一体化している。日ごろ携帯することを前提としていない比較的大きめ（そして重め）のノートPCは、デスクトップPCほどの性能が必要ない場合や、重量はあるものの折りたためることから、自宅内などのみに限定して移動するユーザ層で、その普及が進んでいる。

　モバイル利用シーンでは、ノートPCが力を発揮する。モバイル用途のノートPCは、分散オフィス（例として、ノマドワークなどと呼ばれる就業形態[15]）において、外出先で利用されることも一般化している。一方、機能拡張性には欠けている。例えば外部端子がMini-DVIであったり、USB Type-Cであったりする。また、補助記憶装置の交換・追加や、メモリの交換・追加などもデスクトップPCと比較すると、困難であることが多い。

　その他ノートPCには、インターネット上の基本的なサービスであるWebブラウジングやメールの送受信など、用途をある程度絞り込む代わりに小型で軽量化したネットブック[16]や、Intelが提唱しているウルトラブックという分類もある。

　タブレット（「タブレットPC」という呼称は、Microsoft製のみで利用する）は、基本的にキーボードを搭載せず、画面に直接ふれる、タップ・スワイプ（フリック）・ドラッグなどの操作を前提としている。用途として、主にWebブラウジングやコミュニケーションツールの利活用、簡単なテキスト入力が考えられる。

---

15. 特定の職「場」を持たずに就業する形態のこと。
16. もともとは教育目的に考え出された。

— 26 —

タブレットは、サイズもデスクトップPCやノートPCに比べて、小さく重さも軽いことが多いため、携帯性に優れている。ただし、一般的に性能や機能拡張性は両者と比較すると劣る。

　近年、タブレットとキーボードを物理的に分離、またはノートPCをあたかもタブレットとして利用する形状の2 in 1タブレット（ノートPC）も普及しつつある。代表格として、Surfaceシリーズ[17]が挙げられる。タブレットとして利用するシーンとノートPCとして利用するシーンを1台でまかなうことができる。

2-2. 使い方によって分類

　形状のほか、用途によっても分類することができる。例えば、組込型がその代表例である。組込型のコンピュータは、先に挙げた3種とは異なり、ユーザの目に触れることは少ない。しかし、組込型のコンピュータの活躍がなければ、我々の生活が成り立たないといっても過言ではない。

　自動販売機や洗濯機、そして携帯電話などの家電は、組込型のコンピュータが使われている代表例である。自動車はすでに電子制御の時代に入り久しい。自動車に搭載されている組込型のコンピュータであるECU(Engine Control Unit)の進化により、近年の低燃費自動車や、安全性能が向上した自動車も実現されているといってもよい。

　組込型のコンピュータは、組込型システムとも呼ばれ、上記の例のように用途が限定されている点で、我々が一般的に利用するコンピュータとは異なっている。組込型システムにおいて

---

17. Surface, https://www.microsoft.com/surface/

— 27 —

第1部 「情報」と社会

は、ハードウェアとしてのマイコンも OS もソフトウェア開発言
語も一般的に利用されているコンピュータとは異なる場合があ
る。

　ニュースでよく耳にするスーパーコンピュータも、用途によっ
て分類されるものの一つといえる。スーパーコンピュータは、
科学技術計算を目的としている。気象・天文・金融・医療など
の分野で、大規模で複雑な数値解析によるシミュレーションな
どに利用されている。

　スーパーコンピュータは数値演算能力に優れているが、対し
てメインフレーム（汎用機やホストコンピュータとも呼ばれる）
は、大きな企業や金融の世界などで利用されている。メインフ
レームにはシステムの堅牢さ（例えば、RASIS[18] と呼ばれる指
標がある）に特徴がある。

2-3. OSによって分類

　デスクトップ PC においては Microsoft の Windows（90.95%）
か Apple の macOS（6.74%）のどちらかが選択されていること
が多い（Net Applications, 2016）。Windows はパーソナルユー
スだけでなくビジネスでも利用される。macOS は Apple のコン
ピュータでしか動作しないが、その直感的な操作感を好むユー
ザもいる。

　スマートフォンやタブレットなど、モバイル用途向け端末に
おいては、Google の Android（68.67%）と Apple の iOS（25.71%）
が利用されていることが多い（Net Applications, 2016）。デス
クトップ PC の OS シェアでは 9 割を占める Microsoft ではある

---

18. Reliability（信頼性）、Availability（可用性）、Serviceability（保守性）、Integrity（完
　全性）、Security（機密性）の 5 つの要素のこと。

― 28 ―

が、興味深いことに現在（2017年2月末）も、また過去においてもモバイル用途向けOSにおいてそのプレゼンスは大きいとはいえない。

　サーバ用途のOSとして、商用UNIX系のSolaris（Sun Microsystemsから Oracle）やAIX（IBM）など、またLinux系であるとCent OSやDebianなどがあり、さらにWindows Server（Microsoft）も使われている。

　組込型コンピュータにもOSがある。例えば、ITRON（これは仕様を指し、実装ではTOPPERSなどがある）やLynxOS、Windows 10 IoTなどが挙げられる。

2-4. その他の分類
　その他、コンピュータには、アナログ型とデジタル型という分類も可能である。しかし、近年のコンピュータでは、ほぼデジタル型である。

　また動作の原理による分類も可能である。近年では、新たに量子コンピュータなど新しい方法も試されている。量子コンピュータについての詳説は他に譲る。

　また、あまり利用時にはコンピュータと意識はしていないかもしれないが、スマートフォンもその一つといえる。スマートフォン保有の個人割合が50％を超えた現在（総務省, 2016a）を迎えるまでには、PDA（携帯情報端末；Personal Digital Assistant）と通信回線の接続が模索された。さらに2005年にはPHS（Personal Handy-phone System）回線でのデータ通信を初めから想定していたW-ZERO3も登場した。現在ではiPhoneやAndroid端末などが普及し、かつての携帯電話の形はほぼ失われたといっても過言ではない。

第1部 「情報」と社会

コラム　昔のプログラミング学習法

　現在では高校でも「情報科」の設置が広がっている。しかし、コンピュータはかつて高価で、一人一台の利用は困難であった。そこに80年代、ホビー向けのコンピュータが登場すると、関心を持つ者が購入し、自学を始める。

　教科書も解説書も充実していない時代、プログラミングの学習方法は、ほぼ「写経」によるものであったと言える。例えば「マイコン BASIC マガジン」「MSX マガジン」「MSX・FAN」などの雑誌に掲載されているプログラムをひたすら写して、まずはその動作を確認した。インターネットなどはなかったため、雑誌紙面で誤植があるとすくなくとも一か月後の修正を待たなければならず、「正しく入力しているのに動かない」現象に頭を悩ますこともしばしばであった。

　写経は意外と効果があり、自然とプログラミングができるようになる。またプログラミングがある程度できるようになると、前述の雑誌へ投稿を始める。掲載されるといくばくかの掲載料が支払われていた。その掲載料で新たなコンピュータを購入する猛者もいた。

　現在、小学校でのプログラミング教育が必修化されようとしている（文部科学省, 2016）。その方法について、論議はあるが、中田（2013）は写経プログラミングでの教育も試みており、一概にこの方法は無視することはできない。

第3章　コンピュータの操作、その前に

　コンピュータの操作というと、キーボードをブラインドタッチ（タッチタイピング）できることや、マウスの操作などに目が行きがちである。本章では、まずはもっとも根本的ともいえる電源について説明をする。また、電源ボタンの意匠の意味と、各種ハードウェアを繋ぐ物理的なケーブルについても述べる。さらに、コンピュータ操作で利用する（できる）記号とその読み方、さらに意味を示す。

3-1. 電気がないと動かない！

　コンピュータは基本的に直流電源で動作する。日本では一般家庭のコンセントには交流 100V（110V）が流れてきていることが多い（エアコンなど向けには、200V を別途準備することがある）。なお、海外のコンセントは穴の形状も異なるが、電圧も異なることがある。例えばヨーロッパでは日本のおよそ倍の 240V が採用されている国・地域があるし、お隣の韓国は 220V が採用されている。

　どの電圧を採用しているかは、国や地域によってそれぞれの違いがあるが、我々が海外でコンピュータをそのまま使えるのは、コンピュータの内部にある<u>電源ユニット</u>、または<u>AC アダプタ</u>で供給される交流を適切に直流に変換しているためである。

　もし可能であれば、ノート PC の AC アダプタやスマートフォンの充電器に書かれている細かな文字を読んでほしい。著者の手元にある DELL 社の AC アダプタでは、入力可能な電圧として、「100-240V」と表示している。これは、入力できる電圧が 100V から 240V であることを意味している。その他、バッテリから直接電源を供給する方法もある。

第1部 「情報」と社会

3-2. 電源のオンとオフ、正しくできる？

コンセントから延びる電源ケーブルや、AC アダプタがコンピュータ本体に正しく接続されていることが確認できたら、コンピュータに電源を入れよう。電源のスイッチは、当然まずハードウェアの電源を入れることになる。

電源ボタンは、各メーカの各モデルによりその位置や形が異なっている。しかしほとんどの場合、○と｜で構成されたアイコンがボタンに示されているため、「このボタンが電源である」と認識できる[19]。

この電源ボタンのマークは標準化されている。「｜」が電源オンを示し，「○」が電源オフを示している。一説によれば、｜は1を、○は0を示している。つまり電気が流れている状態を2進数の1、流れていない状態を0としたものを意匠している。

手元のコンピュータ（や、その周辺装置）の電源が入っているか入っていないかは、電源ボタンが光っていたり｜側にスイッチが倒れていたりすることで確認できる。この記号は、スマートフォンなどでのソフトウェアスイッチでも採用されている。

---

19. 国際電気標準会議（International Electrotechnical Commission）によって、標準化されている。

— 32 —

第3章　コンピュータの操作、その前に

図2：いろいろな電源ボタン（出所：著者撮影）

ケーブル

　「電源ボタンをオンにしてもコンピュータが起動しない」という経験や声を聞いたことがあるかもしれない。このようなとき、まず故障を疑う前に、各種ケーブルの接続は正常かを確かめて欲しい。

　ケーブルはその役割で多くの種類がある。まず電源を確保するためのケーブルがあり、通信をするためのケーブル、さらにその他信号を伝えるためのケーブルなど多種多様である。しかも、端子の形状も数多くありその把握は一般ユーザには困難だと考えられる。そこで、代表的なケーブルに関し、その役割と簡単な仕組みを示した。

電源ケーブル

　スイッチを入れてもコンセントに電源ケーブルがつながっていないと電源が入らないことは言うまでもない。そこでまずは電源ケーブルについて述べる。普段あまり意識しないだろうが、コンセントには極性がある。コンセントの穴の長いほうをニュー

第1部 「情報」と社会

トラル、短いほうをライブと言う。

　もちろん接続するケーブル側もこれに合わせるほうがよい。ニュートラルに差し込むプラグの根元には、マークがついており、見分けがつけられる。または、ケーブルに白や薄い色が付いた線がつけられている場合もある。

LANケーブル

　より対線と呼ばれるLANケーブルにも、いくつかの種類がある。まず、ストレートケーブルとクロスケーブルの別がある。ストレートケーブルはコンピュータとハブやルータなどを接続し一般的な通信をする際に利用されるが、コンピュータどうしを直接接続する場合、クロスケーブルを利用する。また端子にはRJ-45が利用される。

　LANケーブルは「カテゴリ」という規格がある。LANケーブルの被覆をよく見ると「CAT-5e」などと書かれていることがわかる。この場合、「Category 5e」[20]という規格のケーブルであることを示している。

　この数字が増えれば、高速な通信が理論上可能になる。カテゴリ5eの次は、カテゴリ6、6e、7と続く。ただし、カテゴリ5eであっても、1000Base-T（ギガビットイーサ）に対応しているため、コストパフォーマンスを考えると、カテゴリ6以上の規格のケーブルを選択する必要はないと思われる。

映像ケーブル

　現在、コンピュータとディスプレイやプロジェクタなどを接

20.「e」はenhancedを意味している。

— 34 —

続するために、おもに利用されているケーブルを挙げた。その他、
端子での分類もあるが、詳説は他に譲る。

VGA ケーブル
　　アナログ信号で画像を伝送する。音声の伝送には別途ケー
ブルが必要になる。紹介する3つのケーブル中では最古参
である。現在でもプロジェクタへの接続などで広く使用さ
れているものの、HDMI などに移行が進んでいる。
DVI ケーブル
　　デジタル信号で画像を伝送する（規格上、アナログ信号
も扱う）。音声の伝送には別途ケーブルが必要になる。伝送
できる信号の種類や、伝送量によりいくつかの種類がある。
一般的に VGA よりも鮮明な映像を得られる。
HDMI ケーブル
　　HDMI は DVI をさらに発展させ、コンピュータだけでな
く、ゲーム機や家電にも対応することを前提としている。
大きな特徴は、一本のケーブルで、映像・音声・制御信号
を伝送することができることである。

3-3. 記号とその読み方・意味など
　コンピュータでは、日常生活では使わない記号・文字を容易
に利用することができる。アスキーアートと呼ばれる文字と記
号だけによる「絵」や、別の意味を付与するコミュニケーショ
ン手段が、その代表例と言える。

キーボード上の記号
　記号の読み方は、日本語通用名称で示されている。しかし、
現実にはそれに従うことなく様々な読み方が混在している。よっ

— 35 —

第1部 「情報」と社会

て、「これが正解」というものはないと考えてよい。そこで本項
では一般的に使われている記号と代表的な読み方を示した。

表2：記号とその代表的な読み方

:	コロン	~	チルダ
;	セミコロン			パイプ、バーティカルバー
!	エクスクラメーションマーク	[]	大かっこ、ブラケット
"	ダブルコーテーション	{}	中かっこ、ブレイス
#	ナンバー、シャープ （本来はシャープではない）	@	アットマーク
$	ダラー	*	アスタリスク
%	パーセント	<	小なり、レスザン
&	アンパサンド	>	大なり、グレーターザン
'	シングルコーテーション	/	スラッシュ
`	バッククオート	_	アンダーバー、アンダースコア
()	かっこ、パーレン	^	ハット、キャレット（カレット）
=	イコール	¥	円マーク（日本語環境以外では、 バックスラッシュが入力される）

出所：著者作成

　記号の中には特殊なものがある。文書を作成する際に使われ
るものを中心に次の表3に読み方と意味を示す。

— 36 —

第3章　コンピュータの操作、その前に

表3：特殊な記号の読み方と意味

♯	シャープ	ナンバーと異なり、横線が右肩上がりになっている
§	セクション	文章中の章や節の見出しに使われることがある記号
†	ダガー	脚注を示す際に使われることがある記号
‡	ダブルダガー	（同上）
¶	パラグラフ	文章の段落を示すため利用されることがある記号
‰	パーミル	千分率を表す記号

出所：著者作成

コラム　大昔のプログラマ

　大昔、プログラムはキーボードから入力されているわけではなく、パンチカードから入力されていた。まず「コーディングシート」と呼ばれる「紙」にプログラムを書き、パンチカードのデッキを作成していた。パンチカードの原型は機織やオルゴールに見ることができる。

第4章　Windowsの操作

4-1. サインイン

　コンピュータの電源を入れると、次はコンピュータを使える状態の操作をする。その操作を指す言葉は、サインイン、ログイン、ログオンなど、さまざまである。しかし「認証」という意味では共通している。Windows 8 以降ではサインインが使われている。なお、Windows Vista/7 ではログオン、macOS など UNIX 系の OS ではログインという言葉が使われている。また、旧来のテキストでユーザ名とパスワードを入力する方法ではなく、顔や指紋によって認証する方法もある。

　サインインの際に、最低限気を付けてほしいことが2点ある。

　①パスワードと、その入力動作を他人から見られないようにする
　②初めて利用するシステムなどで発行された仮パスワードは、初回のサインイン時に変更する

　少なくともこの2点を守らなければ、ユーザ自身だけにとどまらず、組織全体、さらには世界中に迷惑をかける可能性がある。ID とパスワードが漏れて、他人に操作された場合、どのような不利益があるかを考えてほしい。

　なお、新たに設定するパスワードにも、第三者に推測されない文字列を利用すべきである。絶対の安全はありえないが、できる限りの安全を確保することはユーザのつとめといっても過言ではない。

　パスワードの設定には、そのシステムのポリシーに従う必要があるが、一般的には次の2点を考慮する。

— 39 —

第1部 「情報」と社会

①8文字以上であること（U.S. Department of Defense,1985）
②英字の大文字と小文字、数字、記号（利用できない記号も
ある）の4種が組み合わさっていること

　過去にはパスワードの「定期的な」変更も求められていた。
しかし、システムから定期的に変更を促されると、ユーザも嫌
気がさし、つい安直なパスワードを設定しがちになる。このよ
うに、定期的なパスワードの変更が、逆に脆弱さにつながるこ
とも指摘されている[21]。
　パスワードの生成では、「安全性の高いパスワードの作成」（マ
イクロソフト，2015）や「安全性の高いパスワードを作成する」
（Google，2016）が参考になる。付け加えると、パスワードのメ
モをさける。付箋紙にパスワードを書いてディスプレイベゼル
に貼り付けるなど、言語道断である。

4-2. サインアウト

　Windows 7まではログオフであったが、Window 8になりサ
インアウトと呼ばれるようになった。サインアウトでは、コン
ピュータの電源を切らないまま、サインイン状態を解除するこ
とを指す。
　シャットダウンは電源をオフにすることである。シャットダ
ウンの操作は、長らくなぜか「スタート」と書かれたボタンか
ら辿るようになっていた。コンピュータの電源をオフにするに
は、しかるべき手続きが必要である。順序としては、OSを終
了したあとハードウェアの電源を落とす（一般的には、OSを終

---

21. 例えば、Zhang ら（2010）の研究がある。

第 4 章　Windows の操作

了するとハードウェアの電源も続いてオフになる）。手順通りの
シャットダウン処理を実施しなければ、ファイルシステムが壊
れる（≒起動できなくなる）ことがある。

　スリープはコンピュータの動作を一時的に停止させることで
ある。シャットダウンとは異なり、停止させた直前からコン
ピュータの操作をすることができる。ノート PC では、画面を閉
じると自動的にスリープ状態になることが多い。

4-3. スタート画面

　Windows 8 以降では「スタート画面」という機能が追加され
た[22]。ここでは Windows 8 / 8.1 を中心に述べる。

　デスクトップ PC やノート PC では、操作にワンステップ増え
使いにくい印象があるが、タブレットでは、アイコンを指で直
感的に操作することができる。スタート画面の左下にマウスポ
インタを移動すると、「アプリビュー」への矢印が表示される。
これを押下すると、インストールされているアプリ一覧が表示
される[23]。

　スタート画面にはよくつかうアプリをタイルとして「ピン留
め」することができる。もし自分のコンピュータをもっていたら、
よく使う Web ブラウザなどのアイコンをタイルとしてピン留め
すると使い勝手が向上するだろう。

　Windows 10 では、全画面でのスタート画面表示がなくなった
ものの、Windows 7 の操作感と Windows 8 / 8.1 の操作感を足
して割ったものとなっている。しかしタブレットや 2 in 1 タブ

---

22. Windows 10 では、8.1 までの全画面によるスタート画面ではなくなり、スタート
　　メニューの中に、タイルが並ぶ方法に変更されている。
23. Windows 10 では、スタートボタンが復活している。

— 41 —

第1部 「情報」と社会

レット（ノートPC）への対応を見据え、入力デバイスとしてスタイラスペン利用を見越したWindows Ink機能が追加されるなど、試行を重ねながら変化している。このことから、今後も操作方法が変化をすることは容易に想像できる。

4-4. 文字の入力

　アルファベットに関してはそのままキーを押下することにより、入力することができる。試しに、どのバージョンのWindowsにも必ずインストールされている「メモ帳」を起動して入力してほしい。

　メモ帳を起動し日本語の入力を試す。メモ帳を起動した直後は、半角の英数字が入力できる状態になっている。画面右下のタスクトレイをみると「A」と書かれていることが確認できる。確認したら、キーボードの左上界隈にある「半角／全角キー」を押下する。タスクトレイ上の「A」が「あ」に変わったことが確認できる。

　ローマ字入力での変換が可能になっているので、「川路」と入力したい場合「kawaji」とタイプする。破線が引かれ変換候補が選べるようになるので、スペースキーを押して入力したい漢字を選ぶ。

　また、単語だけではなく、ある程度の長さの文章を入力し、文節単位で変換する文節変換という方法もある。文章を入力後、スペースを押下すると変換候補が間違っている場合もあるが、IMEが候補を提示する。間違っている文節に対して、矢印キー（右）を押下して文節を渡る。誤提示がなされている文節まできたら、スペースキーを押下して正しい漢字に変換する。文節そのものが誤っている場合は、Shiftキーを押下しながら矢印キー（左・右）を押下して、正しい文節を指定し変換する。

— 42 —

第4章　Windowsの操作

　日本語入力には IME（Input Method Editor）が使われている。Windows であれば、Microsoft IME がインストールされている。もちろん、それ以外の IME を利用することも可能である。OS に依存する場合もあるが、その他の IME として ATOK や Canna、Simeji などが知られている。

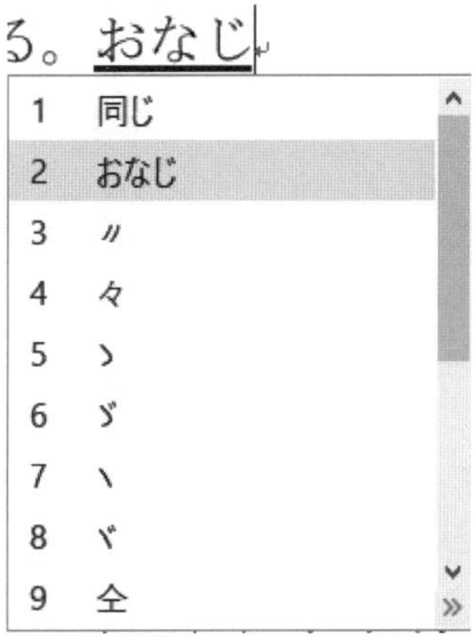

図3：1文字だけでは読みが分からない漢字も変換できる[24]（出所：著者作成）

4-5. ローマ字で入力：どうやって入力するのか？

　一般的にローマ字変換ではローマ字で入力をすると、そのままひらがなに変換されて表示される。しかし、いくつかの文字では、ローマ字での変換に迷うものもある。

　まず、「ん」の入力であるが、「nn」または「xn」と入力する。文章によっては「n」だけでもそれを補ってくれる。次に「でゃ行」

24.「おなじ」を変換する途中。候補として〃や仝があるのが確認できる。

— 43 —

第1部 「情報」と社会

の入力であるが、「dh」＋母音で入力する。

　そして、小さな「つ」である「っ」の入力方法であるが、「ltu」「ltsu」「xtu」「xtsu」など多くの入力方法がある。小さい文字を入力したい場合は「l」か「x」をまず入力することは決まっているため、「ぁぃぅぇぉ」に関しても、それぞれ「la」「li」「lu」「le」「lo」（または「xa」「xi」「xu」「xe」「xo」）で入力することができる。

　さらに、現代文では見かけることが少なくなった「ゑ」と「ゐ」は、もともと「わ行」の文字であるため、それぞれ「wi」「we」と入力する。

　その他「→」や「○」などの記号の入力も変換の仕方によっては、キーボードからの入力が可能である。「↑」「↓」「←」「→」は、「yajirusi」（やじるし）を変換してもよいし、「ue」「sita」「hidari」「migi」を入力することにより変換できる。「○」は「maru」と入力することにより変換できる。ただしこれらは、IME の補完的な機能であるため、すべての IME で入力ができるわけではない。

表4：拗音の変換で迷うもの（代表的なもの）

ヴァ	ヴィ	（ヴ）	ヴェ	ヴォ
va	vi	(vu)	ve	vo
くぁ	くぃ	くぅ	くぇ	くぉ
qwa	qwi	qwu	qwe	qwo
つぁ	つぃ	―	つぇ	つぉ
tsa	tsi	―	tse	tso
どぁ	どぃ	どぅ	どぇ	どぉ
dwa	dwi	dwu	dwe	dwo

出所：著者作成

― 44 ―

第4章　Windowsの操作

4-6. ファンクションキーの便利な使い方

　文字を入力しているとき、アルファベットで入力したいのに入力がひらがなになってしまったり、半角のアルファベットを入力したかったのに、全角で入力してしまったりする場合もあるだろう。その際、Microsoft IMEの機能として、ファンクションキーによる変換も可能である。次の表は、ファンクションキーと変換内容をまとめたものである。

表5：ファンクションキーでの変換とその内容

ファンクションキー	変換	続けて押下
F6	一文字ずつカタカナへ	一文字ずつカタカナに変換
F7	カタカナへ	一文字ずつひらがなに戻る
F8	半角カタカナへ	一文字ずつひらがなに戻る
F9	全角英数字	1回：全てを全角小文字
		2回：全てを全角大文字
		3回：先頭だけ全角大文字
F10	半角英数字	1回：全てを半角小文字
		2回：全てを半角大文字
		3回：先頭だけ半角大文字

出所：著者作成

4-7. その他の変換方法

　ローマ字の変換以外に、Microsoft IMEでは「IMEパッド」を利用することができる。IMEパッドでは、「手書き」「文字一覧」「総画数」「部首」から、目的の漢字にたどり着けるようになっている。
　特に読み方が分からない漢字の入力には「手書き」機能が役

— 45 —

に立つだろう。(これは著者の主観であるが) Windows 10 になってから Ink 機能が採用されたことに合わせて、手書き文字認識の精度が向上した。

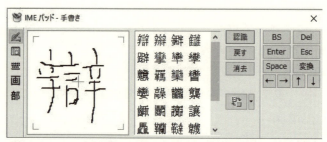

図4：IMEパッドの手書きで漢字を入力しているところ。スタイラスペンではなく、マウスで書いている。例では「辯」が候補として表示されている。　　　　　　　　　　　　　　（出所：著者作成）

4-8. ショートカットキー

　コンピュータで効率よく作業を進めるには、「ショートカットキー」の利用方法をマスターしておくとよい。近年は Office などのアプリケーションが作業途中で「落ちる」ことも少なくなり、途中までのデータを失うことも少なくなったが、1つのテクニックとして文書作成中に「上書き保存」することが勧められている。

　「上書き保存」は、もちろんマウスから保存のアイコン（いまだにフロッピーディスクの形をしている）を押下することからも操作できる。しかし、文章を入力しているときに、キーボードからいったん手を放し、わざわざマウスに手を持っていくのは億劫である。

　効率的に操作するために、OSやアプリケーションごとに、ショートカットキーが準備されている。そもそも初期のコンピュータにはマウスは付属していなかったため、基本的な操作はキーボー

第4章　Windowsの操作

ド（ショートカットキーなど）からの入力が可能である。まず、Windows環境下においてその利用を強く推奨するショートカットキー一覧を示す。

表6：強く利用を推奨するショートカットキー

ショートカットキー	動作
Ctrl + s	上書き保存
Ctrl + z	やり直し（1つ前に戻る）
Ctrl + x	切り取り（画面から消えるがコピーされる）
Ctrl + c	コピー
Ctrl + v	貼り付け
Ctrl + y	やり直しした前に戻る（結局もとに戻す）

出所：著者作成

　テキストエディタ（Windowsであればメモ帳など）などで、一通り試してみると、どのような挙動をするか確かめることができる。表中で用いた「＋」は、「しながら」を意味し、同時に押すことではない。「Ctrl+s」（上書き保存）であれば、Ctrlキーを（左手小指で）押しながら、sを（左手薬指で）押下する。
　「やり直し」「切り取り」「コピー」「貼り付け」の4つは、それぞれCtrlキーを押しながら、「z」「x」「c」「v」に対応している。よくキーボードを見てほしい。これらのキーは、キーボードの左側のShiftキーの横から4つ並んでいる。上書き保存の場合（Ctrl+s）は、英語にしたときのsaveの「s」から、その存在が推測しやすいが、この4つの操作は頻繁に使う機能として集められている。一つ一つ操作すると、すべて左手の人差し指までで操作できるよう設定されていることが確認できるはずである。
　ショートカットキーでの操作は、意識して練習しなければ身

— 47 —

第1部 「情報」と社会

につかない。よってマウスに手を伸ばす前に、ショートカット
キーで、その操作はできないかをまず考える癖をつけてほしい。
　ショートカットキーはOSごとに、またOSのバージョンごと、
さらにアプリケーションごとに設定されている。その数はすべ
てを挙げると膨大なものになる。そこで、併せてマスターしたい、
代表的なショートカットを下の表に示した。表中のWindows
キーは、Ctrlキー横の窓が旗めいて見えるキーのことである。

表7：併せてマスターしたいショートカットキー

ショートカットキー	動作
Ctrl ＋ a	全て選択する
Shift ＋ 方向キー	複数の項目を選択／テキストの選択（反転）
Alt ＋ Tab	開いているアプリケーションを切り替える
Windowsキー ＋ Tab	上記の全画面版（アプリ切り替え）
Windowsキー ＋ e	エクスプローラー（ファイラ）の起動

出所：著者作成

　アプリケーションごとに設定されているショートカットキー
の例を示す。次の図は、「サクラエディタ」というテキストエディ
タのファイル部のメニュー（Alt+fでメニューを表示できる）で
ある。よく見ると、動作の横にショートカットキーが記述され
ている。この記述は多くのアプリケーションで見られ、その設
定と動作を確認できる。

— 48 —

第 4 章　Windows の操作

図5：サクラエディタのメニュー。ショートカットキーが書かれていることが確認できる。基本的な機能はアプリケーションが異なっても同じであることが多い。　　　　　　　　　　　（出所：著者作成）

第5章　ファイルとフォルダ（ディレクトリ）、そしてディスク

5-1. ファイルとフォルダ

　コンピュータのデータは「ファイル」に保存されている。私たちがよくみる Word や Excel のファイル以外にも、OS そのものにかかわるファイルも同じディスクの中にある。本章では、ファイルとフォルダ、さらにそれを保存しているディスクについてまとめた。

　ファイルとフォルダを理解するためには、Windows での標準的ファイラである「エクスプローラー」を操作するのがよいだろう。Windows キーを押しながらアルファベットの「E」を押してほしい（前章に示したをショートカットキーでの操作）。画面にはファイルやフォルダ、そしてディスクが並んでいるとはずだ。

　ファイルには、OS やアプリケーションなどを実行するプログラムの集まりであるプログラムファイルと、ユーザやプログラムが作成したデータを保存するデータファイルの二種類がある。ファイルは Windows や macOS の場合アイコンで表示され[25]、OS に関係するものを除き移動・削除ができる。

　またファイルについている拡張子により、その種類をある程度知ることができる。拡張子は、ファイルの末尾部分の「.」（ピリオド以降）の文字列である。例えば Windows の場合、拡張子が「pptx」であればパワーポイントのファイルであることを示し、「exe」ならば実行ファイルを示す。またピリオドは 1 個だけではなく「tar.gz」というように複数個になる場合もある。

---

25. UNIX や Linux などでも、デスクトップ環境を使用した場合、アイコンで表示される。

第1部 「情報」と社会

　フォルダは、複数のファイルをひとまとめにして分類・整理できる。フォルダにはいくつかの決まりごとはあるものの、任意の名前をつけることができる。さらにフォルダの中には、ファイルだけではなく別にフォルダ作成し整理・分類することができる（入れ子構造になる）。Windows や macOS ではフォルダと呼んでいるが、UNIX や Windows 以前の MS-DOS という OS ではディレクトリと呼ばれている。

5-2. ディスク
　データはファイルに、そしてフォルダで分類・整理されている。そのファイルやフォルダは HDD や SSD などのディスク（補助記憶装置）に保存されている。

　エクスプローラーを開くと C ドライブや D ドライブなどが見える。おおよそ（1 対 1 ではない可能性もあるが）それが物理的なディスクに相当する。

　C や D のことをドライブレターという。Windows ではディスクを認識するために割り当てられ、アルファベットが使われる。A から始まり Z までがドライブレターとして利用可能である。

　実際には A と B が見当たらないが、ここにかつてコンピュータの記憶装置として利用されていた FDD が割り当てられていた。すでに FDD が使われなくなったが、言わば欠番として残っている（設定によっては利用可能）。ドライブレターは、アルファベット順に若いほうから OS の起動ディスクとして使われることが多く、つまり C ドライブには特別な理由がない限り Windows の OS 本体がインストールされている。

　では、様々な記憶装置をみていく。昔を遡ればきりがないため、70 年代以降を取り上げる。初期はテープメディアであったが、70 年代には記憶メディアとしてフロッピーディスク（FD）が普

— 52 —

第5章　ファイルとフォルダ(ディレクトリ)、そしてディスク

及し始めた。ただし、容量はたいへん少なく、8インチFDでは
1MB（フォーマット後）を切っていた。ハードディスク（HDD）
は存在はしていたが、まだ高価かつ大型であり、現在のように「当
たり前のように普及している」と言える存在ではなかった。

　現在のスマートフォンで撮影される画像は、（そのカメラの性
能にもよるが）1枚当たりのサイズが5MBを越えることもある
ことから、その「容量の少なさ」を実感できるかもしれない。そ
の後、小型化と大容量化が進み、70年代後半に5インチFD（5.25
インチを略して5インチと呼ぶのが一般的）、80年代に3.5イン
チFDが開発された。

　ホビー用途では、音楽用カセットテープを転用してメディアと
する記憶装置、データレコーダが使われていた（図6）。カセッ
トテープは安価で手軽なメディアではあったが、代わりにデータ
の読み・書き速度が非常に遅かった。一方、デジタル信号をアナ
ログ信号に変換して「音声」として保存していたことから、テレ
ビ番組の副音声などを利用してプログラムが配布されることも
あった。

　現在ではHDDの高速化と大容量化、さらに低価格化によりそ
の普及が進み、カセットテープやFDはほぼ使われなくなってい
る[26]。さらに、フラッシュメモリを用いたSSDが普及しつつある。
いまだHDDが主な記憶装置ではあるが、スマートフォンでは記
憶装置にフラッシュメモリを利用している。また、PCにおいて
も起動ディスクにはSSD、データディスクにはHDDと使い分け
をしたり、ストレージ分野においては急速にSSDの採用が進ん

---

26. 完全になくなったわけではなく、アメリカ国防省で8インチFDが使われている
　　ことが挙げられる（国際ニュースAPFBB News，米軍、核兵器運用に今も8イン
　　チフロッピー使用，http://www.afpbb.com/articles/-/3088372）

第1部 「情報」と社会

でいたりする。このことから、HDDとSSDの住み分けはもとより、転換も今後予想される。

図6：データレコーダ（出所：Yan's（2003）より作成）

図7：下：8インチFD、左上：5インチFD、右上：3.5インチFD（出所：著者撮影）

第6章　基本的なアプリケーション

　Windowsにはあらかじめインストールされ、利用できるアプリケーションが準備されている。その多くは、「Windows アクセサリ」にまとめられている。本章では、その中でも代表的なアプリケーションを紹介する。また、必要に応じてその基本操作を示す。

6-1. Internet Explore（Edge）

　Internet Explore（Edge）は、Windowsであらかじめ利用できるようインストールされているWebブラウザである。Windows 8.1までは、Internet Exploreが、Windows 10からは加えてEdgeがインストールされている。初期段階では、このWebブラウザしかないが、好みやシステムによってGoogle Chromeなど別のWebブラウザを別途ダウンロードしてもよい。

6-2. エクスプローラー

　ファイラと呼ばれるアプリケーションである。Windowsではファイルの操作の際、ほぼもれなくエクスプローラーを使っている。前章で説明した、ファイルやフォルダへのアクセスでは、意図的にエクスプローラーを起動することもある。その際、アプリケーションの一覧から起動する方法もあるが、「Windows キー＋e」というショートカットキーで起動する癖をつけるとよい。

6-3. メモ帳

　テキストエディタと呼ばれるアプリケーションである。Windowsではメモ帳が標準のテキストエディタであるが、他のOSにもviやテキストエディットなど標準のテキストエディタがそれぞれあ

第1部　「情報」と社会

る。

　メモ帳の起動は、アプリケーションの一覧からの起動のほか、コマンドでの起動を覚えておくとよい。「Windows キー + r」を押下すると「ファイル名を指定して実行」の入力テキストフィールドが表示される。そこに「notepad」と入力し、「Enter」キーを押下すると、メモ帳が起動する。

　はじめは難しい操作かもしれない。しかし、マウスへ手を伸ばさずテキスト処理を実行できることは、非常に効率がよいため練習してほしい。

6-4. ペイント

　ペイントは、簡易的なお絵かきソフトであるが、スクリーンショットを撮る際、非常に便利である。画面全体のスクリーンショットを撮る場合は、キーボード右上の「PrintScreen」キーを押下し、ペイントの画面をアクティブにしたのち、「Ctrl + v」(貼り付け) を操作する。

　特定のアプリケーションの画面のみのスクリーンショットを撮る際には、「Alt + PrintScreen」を押下し、ペイントの画面をアクティブにしたのちに「Ctrl + v」を操作する。ペイントでのこれらの操作は、Snipping Tool というアプリケーションで実行することができる。Snipping Tool では、見た部分をそのままトリミングすることができる。また、Windows 10 以降の Snipping Tool では、遅延という指定する時間後のスクリーンショットを撮る機能も追加されている。

第7章　電子メールを扱おう

　電子メール（以下、メールとする）は、送受信する時間と場所を問わない大変便利なコミュニケーションツールである。しかし使い方を間違えると、相手を不愉快にさせてしまったり、本当に伝えたいことが正しく伝わらなかったりする。

　メールでのコミュニケーションは非常に難しい。作家の村上龍（2001）も、メールの実践を述べている。このことは2000年代には一般家庭にもインターネットが普及し、コミュニケーション方法が変化しただけではなく、日本語の文章そのものも変化したことを示すと考えられる。

　さらに特に近年メッセンジャーやSNSの普及により、メールの使われ方があいまいになりつつある。しかしながら、ビジネスではいまだメールの利用が一般的であるため、ここではビジネス利用に耐えうるPCでのメール利用法（文章作成法）を述べる。

　総務省（2016a）による、個人のインターネットの利用目的・用途調査によると、20代からの10才刻みの統計データではあり、さらに10代の利用実態は不明であるものの、インターネット利用の目的で、「電子メールの送受信」は「ソーシャルネットワーキングサービスの利用」を全年齢階層で上回っている。従って、いまだにメールの重要性は失われていないと言える。なお、メールの文章法はRFCに少し書かれている程度で、完全な解は存在しない。

7-1.ネットでのコミュニケーション

　メールに限らず、SNSやメッセンジャーを含め、ネットでのコミュニケーションは非常に便利である反面、トラブルに巻き込まれることがあることも理解したい。特に「文字」だけ（加えら

第1部 「情報」と社会

れてもスタンプや絵文字）の、非同期コミュニケーション下では、意図していなかった解釈がなされることもある。そこで以下を少なくとも意識されたい。

- ・正しい情報の発信（すくなくとも事実か意見か伝聞かを区別）
- ・受信者への配慮
- ・「一時の感情」に流されない

7-2. メーラ（メールソフト）

メールを送受信するアプリケーションのことを、メーラ（またはメールソフト）という。メーラは自分のコンピュータ上で動作するもの（スタンドアローン型のアプリケーション）や、Webブラウザベースのものなどさまざまである。

近年、場所とハードウェアを選ばないことから、Webブラウザベースのメーラが普及している。その代表格がGmailであろう。メーラの選択は、ユーザに任せられる場合と所属する組織のシステムや、ネットワーク管理者によって指定される場合がある。

7-3. To、Cc、Bcc、件名（Subject）そして本文

メーラを起動し、メールを作成するときに、いくつかの記述項目がある。以下は、To、Cc、Bcc、件名（Subject、以下略す）について説明する。

Toは必須項目で、メールの送信相手のメールアドレスを記述する。複数の人に同一内容のメールを一度に送信したい場合は、メールアドレスをカンマ（,）で区切る（メーラによっては、セミコロンなど別の記号の場合もある）。

CcはCarbon Copy（カーボン コピー）の略である。ここには、直接宛てたメールではないが、内容を読んでおいてほしい人のメールアドレスを記述する。

— 58 —

第7章　電子メールを扱おう

　さらにBccはBlind Carbon Copy（ブラインド カーボン コピー）の略である。Ccと機能的にはほぼ同じであるが、Toの人にはBccに書かれたメールアドレスは開示されない。つまり、誰にBccをしたのか、メールの受信者は分からない。

　Bccは秘密めいた雰囲気があるが、例えば、多くの顧客向けにダイレクトメールを送信したい場合、Bccに顧客のメールアドレスを並べて送信することがある。これは、顧客のメールアドレスを必要以上に知らせないようにするための配慮である。

　また、件名も記述必須項目である。メールでは「おはようございます」という時間を示す件名や「（自分の名前）です」という件名を記述するのは不適切である。

　理由は、メッセンジャーやSNSとは異なり、メールはメールを受信したとき初めて読まれるものであり、それが朝か昼か夜か分からないためである。また、件名のみで概要が分からないメールの場合、いちいち本文を開いて内容を確認する必要がある。さらに、スパムメール（迷惑メール）と判断される場合もある。よって、受信者の手間を考慮して、件名には簡潔に本文の内容が分かるものを記述すべきである。

7-4. メールの書き方

　メールの作法めいたことを述べるが、メールもまた「生き物」と言える。時代や場所によって作法の揺れや変化は、どうしても避けることができない。

　例えば、少し前までは（少なくとも2000年代前半までは）返信の際無用な引用はせず、不必要な部分はすべて削除していた。しかし現在では、相手の文章全文を削除せず、引用したままメールを書くことが一般化している。理由は、トラフィックにもサーバ容量にも余裕ができたこと、またのちにメールを読んだ人（メー

— 59 —

第1部 「情報」と社会

ルのやり取りは1対1とは限らない）が「どんなやり取りをしたのか」を検証することができるようにするためである。これを踏まえたうえで、メールの書き方を述べる。

メーラのメール作成画面を開いたら、まず本文や件名を書く。いきなり To にメールアドレスを書かない。理由は、メールを書いている途中で誤送信した場合、訂正のメールをさらに送らなければならなくなり、やり取りが煩雑になるためである。

また件名を前項のとおり端的に書く。これができれば、本文では詳細を記述すれば良いことになる。すべてを書き終えたら本文をすべて読み直し、To（や Cc、Bcc）にメールアドレスを書き込み、送信ボタンを押下する。

件名には簡潔で本文の内容が分かりやすいものが求められる。メーラを開いたとき、「おはようございます」とあいさつが書かれていた場合、「そのメールがどれくらい重要なものなのか」が、受信者は判断できない。

また、ビジネスにおいてメールでのやり取りは非常に多く、受信メール数が一日に 1000 通を越える場合もある。その中で、自分が書いたメールが相手のストレスになるだけではなく、読むのを後回しにされてしまっては、物事をうまく進めることができなくなる。

このように好ましい件名は、「相手のためを考える」ことが第一である。例えば、件名にタグをつけるのも一つの手段となる。

重要な内容であれば【重要】、緊急性を伴う内容であれば【緊急】などを件名の先頭に付ける。また「FYI:」というタグがついたメールがくることがある。FYI は、For Your Information のことで「参考まで読んでおいて」ということを意味している。

— 60 —

第 7 章　電子メールを扱おう

表 8：推奨しない件名と修正例及び修正ポイント

推奨しない件名	修正例	修正ポイント
打合せの件	5/15 のサービス部打合せの件	端的ではあるが、もう少し詳しく書いたほうがよい。
川路さんへ	第 3 回課題提出（9/1 締切分）	名前だけでは、内容が瞬時に分からない。
おはようございます	12/26 会議資料送付の件	件名や本文に時間に関する挨拶は意味がない。理由はメールを読む人の都合で受信がなされるため。

出所：著者作成

7-5. 返信と転送

　メールには返信と転送という機能もある。それぞれメーラの対応しているボタンを押下すると、引用または転送する内容が本文にあらかじめ書かれた画面が用意される。

　返信では、件名の先頭に「Re：」や「RE：」が追加されることが多い[27]。返信のメールは新規メールとして作成するのではなく、返信ボタンを押下して作成したほうがよい。

　メールには、ユーザの目には触れない部分にヘッダという部分があり、ここにどのメールにどの返信メールが対応するのかをスレッドとして管理・表示する機能のための ID がある。返信をするたびに Re: は追加されるため、同じスレッドとしてメールをや

---

27. Re は、Reply（返信）や Response（応答）を意味していない。ラテン語の res に由来している（RFC 5322）。

— 61 —

第1部 「情報」と社会

り取りすると、Re: が件名にいくつも付くことがある。ただし、RFC 5322 では、"Re:" はひとつだけにするべきとしている。

　転送では、件名の先頭に「Fw：」や「FWD：」が追加されることが多い。これらは Forward を短くしたものであると考えられるが、RFC では特に記述は見当たらない。メールを相手に返信するのではなく、第三者にその内容を送信する際に利用する。

7-6. 本文の書き方：パート別に

　メールの本文は、
　・「相手の名前を書くパート」
　・「簡単なあいさつ＋自分を名乗るパート」
　・「（狭義の）本文パート」
　・「締めのあいさつパート」
　・「署名パート」
に分けられる。最低この5つが揃って、「メール本文」と言える。各パートを1つずつ解説する。

— 62 —

第 7 章　電子メールを扱おう

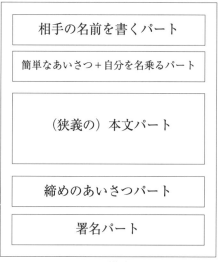

図 8：メールの構成（出所：著者作成）

相手の名前を書くパート

　メールの一行目には、相手の所属と名前を書く。例えば、Aさんにメールを送る場合、以下のようになる。

　○○株式会社　A 様

　なお、敬称の扱いにも注意したい。「社長」や「先生」も一般の文書と同じく敬称として扱われるため、「A社長様」と重ねない。どうしても気になる場合は、「ZZ会社社長　A様」とするとよい。

簡単なあいさつ＋自分を名乗るパート

　相手の名前を書くパートを書き終わったら、一行空行を入れてから、このパートを書く。失礼のない程度に、しかし長くならないよう記述する。このパートで、時候のあいさつは不要である。次に例を示す。

第1部 「情報」と社会

（例1）

いつもお世話になっております。××社のＩです。

（例2）

先日は△△頂き、誠にありがとうございます。

○○社のＪと申します。[28]

（狭義の）本文パート

　簡単なあいさつ＋自分を名乗るパートを書き終わったら、一行空行を入れてから、このパートを書く。このパートには以下のような習慣がある。

・段落で字下げを<u>しない</u>

・段落は空行で表現する

・一行の長さは、長くても35文字（日本語の場合）とし、文の途中でも改行を入れる[29]

　メールの場合は、段落を字下げで表現せず空行が入ることで、可読性も確保できる。また全パートで言えることだが、機種依存文字は基本的に利用しないよう気を配りたい。

　「㈱」や「①」、「Ⅰ」などはうっかり利用しがちである。変換の際、変換候補文字の横に「[機種依存文字]」と表示されるため、これを参考にし利用を避けるとよい。機種依存文字での文字化けは減ったが、まだなくなったとは言えない。細かなことではあるが気を使うべきである。

---

28. 長すぎる場合は、2行に分けてもよい。
29. RFC 5322 に、一行は半角 78 文字を越えるべきではないとある。日本語は 1 文字で 2 バイト必要とするため、半分の 39 文字程度の利用ができる。しかしこれは最大値であり、余裕を見て 35 文字とするのが一般的である。また、現在は HTML 形式のメールの利用もできるが、HTML 形式のメールはフィッシングメールなどの原因になるため、推奨しない。

第7章　電子メールを扱おう

締めのあいさつパート

　（狭義の）本文のパートを書き終えたら、一行空行を入れてから締めのあいさつを書く。ここで言いたいことが終わる、という意思表示でもある。汎用性のあるあいさつに 以上、よろしくお願いいたします。 がある。その他、以上です。 であったり、もっと短く 以上 とだけ書く場合もある。繰り返すが、誰に何をどのように伝えるかで、その内容は変えるべきである。

署名パート

　最後に、署名（シグニチャとも言う）を入れて本文を書き終える。メーラに設定すれば、自動的に署名が挿入される場合もある。しかし自動的に挿入された署名の方が、その他の部分より長かった場合を考えてほしい。このとき言いたいことは伝わりやすいだろうか。このようなことを鑑みると、署名も時と場合、送信する相手によって変えるほうが良いと考えられる。

　また署名は、RFC 3676によると、「-- 」(-を2つと半角スペース)が、他のパートとの境目とされている。現在でもGmailなどで実装されているが、実利用では意識されているとは言いにくい。とはいえ、不用意な装飾で署名を区切るのは好ましいことではない（パーソナルユースではその限りではない）。

7-7. メールの欠点

　メールでの情報のやり取りは、時間軸が異なるうえに、相手の顔が見えないため、しばしば感情に任せた送信によるいわゆる「炎上」状態が発生する。フレーミングが発生するのはメールだけではなく、LINEやSkypeチャットなどテキスト中心で時空間共有が困難なメディアで起きやすい。

　またマルウェアもメールを介して侵入を試みる場合があり、こ

— 65 —

第1部 「情報」と社会

れは大きな脅威である。ファイルが添付されてきたメールをそのまま開くのではなく、ウィルス対策ソフトでまず検疫を実施すべきである。また、本文に書かれたURLを安易に開くべきではない。

受信者がいつメールを読んだのか分からない、という点も利点ではあるが同時に欠点ともいえる。メールにはメッセンジャーにみられる「既読」がわかる仕組みは備えられていない[30]。

7-8. メール以外でのコミュニケーション

少し前は、メール以外のインターネット上のコミュニケーションツールとして、IRC（Internet Relay Chat）やICQ[31]といったメッセンジャーの利用が盛んであった。現在は、インターネットの普及と、デバイスの普及によりその方法も移り変わっている。現在、様々なコミュニケーションツール（ソーシャルメディア上のサービス）が普及しているが、それぞれの特徴を理解して、目的に応じた利用が必要である（詳細は後述）。

---

30. メールにも一応開封通知の仕組みがないこともない。RFC 3798 に記述はあるが、一般的に浸透しているとは言いにくい。
31. http://www.icq.com から、現在でも OS 別のクライアントアプリケーションをダウンロードできる。

— 66 —

第8章　ソーシャルメディアとは

　「平成27年情報通信メディアの利用時間と情報行動に関する調査」（総務省, 2016b）によると、2012年では41.4%であったソーシャルメディアの利用率は、2015年までの3年間で66.5%まで増加し、この増加傾向はどの年齢層にも当てはまっている。また同調査によると、10代から40代まで広い年齢層でLINE（約8割、20代では9割を越える）が利用されており、Facebookは主に20代と30代の利用が多く（約半数）、Twitterは10代と20代の利用が多い（約6割）。

　この調査結果から、インターネットを利用することを、ソーシャルメディアを利用することを指すことも近いと考えられる。そこで本章では、ソーシャルメディアついて述べる。

8-1. ソーシャルメディアのサービス

　ソーシャルメディアはメールやメーリングリスト、Web上のBBS（掲示板）など旧来の相手が限定されているコミュニケーション手段に加えて登場した。「社会的（＝ソーシャル）」が意味するように、誰もが情報発信に参画することができるメディアである。そして情報を受信する不特定多数と「つながり」を持つことができる。

　ソーシャルメディアで提供される主なサービスにブログ（かつては、Weblogと呼ばれていた）やWiki、マイクロブログ（ミニブログ）、写真・動画共有、チャット・メッセンジャーなどがある。

ブログ

　ブログは細かなHTMLやWebサーバなどの知識がなくとも自前の発信メディアを持つことができ、不特定のユーザーから

第1部 「情報」と社会

のコメントも得られる[32]。また、他のブログに対して、トラックバックという機能を使って連携する（リンクを生成する）ことができる。さらにエントリ（投稿した内容のこと）の要約を、RSSとして配信することができる[33]。ブログのプラットホームはCMS（Contents Management System）として準備され、設置だけではなくエントリの投稿にもHTMLやサーバなどの技術的な知識を深く必要としない。主なCMSに、WordPressやMovable Typeがある。

Wiki

　Wikipediaのことを思い浮かべるかもしれないが、Wikiは本来軽量なCMSにあたる存在である。高速に、かつ簡単に情報を編集・公開できる仕組みとして普及している。

　Wikiにはさまざまな実装が存在している。例えば、日本語に対応しているものではPukiwiki[34]などがあり、これらをWikiクローンと呼ぶ。WikiにはHTMLほど難しくないが、最終的にHTMLに変換するためのマークアップ構文が準備されている。マークアップ構文は、一般的にヘルプのページに書かれているため、文書を編集する際迷ったら、それを参照することで解決できることが多い。

　Wikiで提供されているサービスで、もっとも有名なものの1つがWikipediaである。分からない言葉の意味を調べようとすると、検索結果の上位にWikipediaの記事が表示されることも珍しくない。しかし、記事の編集において認証の仕組みは設けられて

---

32. 一般的にはコメントできるかできないかを管理者が選択できるようになっている。
33. RSSについてはRSSリーダで説明する。
34. Pukiwiki, https://pukiwiki.osdn.jp/

いるものの、誰が書いたのかわからず、また内容が正確であるか
などの保証はないことを念頭において利用するべきである。

マイクロブログ（ミニブログ）

　マイクロブログは、Twitter を代表とする短文でコミュニケー
ションをとる仕組みで、ミニブログとも呼ばれる。ハッシュタグ
という共通の話題を検索しやすくする仕組みなどが機能化されて
いる。その速報性を活かし、政府公式のアカウントもある。

　Twitter の場合、テキストや画像、動画を投稿することにより、
それを共有することができる。他人の投稿を再投稿するという「リ
ツイート」という機能もある。また他人の投稿に対し「いいね」
をつけることもでき、その数を閲覧することも可能である。

　Twitter のクライアントになるアプリケーションは、公式に
提供されているもののほかに、サードパーティによるものがあ
る。これは API（Application Programming Interface）として、
Twitter の機能を、外部から操作する仕組みが公開されているた
めである。

　Twitter には思いつきをすぐに書いて発信することができると
いう利点がある。しかしこれが欠点となる場合もある。発言に自
分の意図しない解釈がなされたり、モラルに欠いていたりするこ
との場合、「炎上」することもたびたびである。

画像・動画共有

　画像・動画共有をサービスするものとして、Instagram、
YouTube や Ustream、Twit Casting、SNOW など各種サービス
がある。有料のサービスもあるが、主に広告で運営されている。

　画像共有サービスの一つとして Instagram がある。一般的にカ
メラで画像を撮影すると縦横比が異なることが多いが、このサー

ビスではおもに正方形で表示される。前述の Twitter の画像版と
もいえよう。またイラストやマンガなどを共有できる pixiv もあ
る。pixiv は自分の作品をアップロードするだけでなく、他人の
作品をブックマークなどのリアクションをすることでネットワー
クが形成される。

　動画共有サービスとして、YouTube が挙げられる。YouTube
を始めとしたサービスは、既存のテレビなどのメディアからその
視聴時間シェアを奪っている可能性がある（総務省，2016a）。ま
たこのようなサービスから、いわゆる「プロ」が生まれることも
珍しくなくなった[35]。YouTuber がそれにあたる。

　Twit Casting は近年利用が広がっている動画配信サービスで
ある。特にスマートフォンやタブレットなどの携帯端末との相性
がよい。大学生の約半数が利用するとしており、24 歳以下の若
年層を中心にサービスが拡大している（モイ，2016）。

チャットやメッセンジャー

　チャットやメッセンジャーでは、リアルタイムでメッセージを
やり取りすることができる。テキストチャットだけではなく音声
チャットの機能をもつことも多く、電話とメールの間の存在であ
る。

　例えば、Skype や Google ハングアウト、そして 20 代の約 9
割が利用（総務省，2016b）している LINE がある。LINE では、
電話帳をサーバにアップロードして相手と「つながる」ことが、
しばしば個人情報の取り扱いでの問題として取り上げられること

---

35. ただし、職業として成り立つほどの人数はいないとみられている（Jcast ニュース，
　2014）。2016 年 12 月末現在、日本の有名 YouTuber を多く抱える uuum の所属アー
　ティスト数は 87 名である（uuum, 2016）。

がある。

8-2.ソーシャルメディアの影響

　マスメディアとソーシャルメディアは、ともに常に「正しく」使われているとは限らない。旧来からのマスメディアは、トップダウン式に、情報が発信してきた。一方、インターネットの普及と発達でソーシャルメディアが生まれ、ボトムアップ式の情報発信も可能になった。

　マスメディアの発する情報に事実ではないことが混ざっていることを赤裸々にしたのもソーシャルメディアの力であろう。しかし、ソーシャルメディアもまた、「嘘をつく」ことが可能である。その特性として、匿名性と即時性、拡散性、蓄積性が挙げられる。

　ソーシャルメディアでは、情報がつながっている「誰か」（匿名性）を伝い、「一気」（即時性）に「拡散」（拡散性）され、さらに記録・保存（蓄積性）されていく。マスメディア大勢の時代、メディアリテラシーとは、伝えられる情報を理解すること・情報を見極めることを指していた。しかし、ソーシャルメディアでは、加えて、自ら発信する情報に関し、その内容を理解すること・見極めることが必要となる。

8-3. メディアの融合

　一方で、マスメディアとソーシャルメディアの融合も近年みられる。テレビのデジタル放送では、双方向通信が画策された。テレビ本体をネットワークに接続している世帯も、2014年末では23.9%であったが、2015年末には27.7%にまで上昇した（総務省, 2016a）。

　一方、その目的は「視聴中に番組の内容に関連した情報の取得」が28.1%にとどまり、「VOD等の配信番組」（39.2%）や「ホーム

第1部 「情報」と社会

ページの閲覧、動画投稿等のウェブ利用」（39.1%）が目立つ（総務省，2016a）。かつてコンピュータで操作していたことがテレビで操作できるようになった、つまりコンピュータの家電化が一層進み、テレビのスマート化が進んだことが示唆される。

テレビ

　テレビは、その番組ホームページを持つことが一般的になり、さらには広告を YouTube で打つことも珍しくない。現在、主にPC・スマートフォン向けに AbemaTV がインターネットテレビ局としてサービスしている。

　以前から、地上デジタル放送の規格を利用したスマートフォン向け放送である NOTTV（停波）や、BeeTV（現在の、dTV）などで動画コンテンツの配信は試みられている。スマートフォン以前から、ワンセグ（12セグ、さらにはフルセグ）での放送コンテンツの提供は存在していた。しかし、スマートフォンのハードウェアのグローバル展開により、それらの受信機能がなくなりつつある。このことから、放送方法がインターネットでのストリーミング方式に移行しつつあるものとみられる。

　また、一般家庭のテレビ向けには、地上波デジタル放送と BSデジタル放送などをインターネットで配信するひかり TV がある。ひかり TV は放送だけなく、ビデオや音楽、ゲーム、カラオケなどのサービスも提供している。またデバイスを跨ぐことも前提としているといってもよい Netflix や hulu というサービスもある。

ラジオ

　また、ラジオは Radiko などサービスをインターネット上で開始し、実放送とインターネットでのサイマル放送を実現している。

— 72 —

LISMO WAVE では、全国の FM 局の放送を聴取することができる。

　海外ではインターネットラジオ局がよく見られる。例えば、BBC ワールドサービスでは、ストリーミング放送の他に教育用コンテンツも準備されるなど、多くのコンテンツが準備されている。

新聞

　新聞社各社も Web サイトを持つ。また、図書館への記事アーカイブと記事検索システムの販売も見られる。PC だけではなくスマートフォンやタブレットにも対応すべく、専用のアプリケーションが提供されている場合もある。

　かつては無料による記事配信が大半を占めていたが、現在は一部のみ無料で公開し、残りを有料としている新聞社が多い。例えば日本経済新聞は、日本経済新聞電子版として有料化にいち早く踏み出した。

雑誌・書籍

　雑誌や書籍に関しては、説明するまでもなく電子出版が進んでいる。出版そのものの敷居も下がり、例えば Amazon は、Kindle ダイレクトパブリシングサービスを展開している。

　また学術論文は、かねてからオンライン化されているものが多い。例えば科学技術情報を発信したり、流通させたりするプラットホームである J-STAGE の収録誌数は 2000 を越える。また、個々の学会が運営する論文等を集めた電子図書館もある。例えば、情報処理学会の電子図書館情報学広場が挙げられる。

第1部 「情報」と社会

8-4. ソーシャルメディアでのトラブルを避けるために

　ソーシャルメディアには、前述のようなサービスがある。中でも SNS（Social Networking Service）では、意図しないことが大きな問題に発展することもある。また、このメディア上の特性（匿名性・即時性・拡散性・蓄積性）を理解しないまま情報発信をすることによって、取り返しのつかない事態も招くことがある。

　まず SNS は他人を誹謗中傷する場ではない。また公序良俗に反する内容や、政治や信仰、性差などに関する差別的な発信もする場でもない。

　次に、一度 SNS に投稿した内容の削除は、非常に困難である。例えば、Twitter でよくみられる「炎上」を想像してほしい。投稿した本人にとっては"ささいな"ことだったのかもしれない。しかし現実は、ツイート（即時性）がリツイート（匿名性・拡散性）を呼び、キュレーションサイトにまとめられ（匿名性・蓄積性）、その削除依頼と削除対応を実施してもらうも、いたちごっこ（匿名性）となる。さらに検索エンジンは容易に蓄積先へのアクセスを可能にする（即時性・蓄積性）。

　また、画像を投稿する際には、なるべく画像に写っている人に SNS の投稿をしてもよいかを確認したい。投稿の際に、個人が特定されないよう加工したり、後ろ向きにしか人が写っていない画像を選んだりする配慮も必要だろう。また、会議などのシーンでは、ひとりひとりにその確認が困難な場合もある。その際は冒頭であらかじめ「SNS への投稿を予定しています。投稿されると困る方は申し出てください。」と声をかけるなど気を使いたい。

　SNS の中には、位置情報も自動的に投稿するものがある。また、カメラによって Exif（Exchangeable image file format）のメタデータとして位置情報（ジオタグ）を画像に付加する場合がある。位置情報が付加されたままの画像が出回った場合、個人の位置が

— 74 —

特定される可能性がある。位置情報を知らせない設定にしたり、Exif の位置情報を削除したり、投稿の公開範囲を絞る設定をするなどの対応が必要である。

　また家族の画像、特に子供の画像の投稿には注意するべきだろう。子供が小さい場合、犯罪に巻き込まれるきっかけになる可能性も否定できないことを理解すべきである。

　具体的な位置情報を削除していても、画像に写り込んだその行動範囲から、SNS の不特定多数は推測することも可能である。実際、「炎上」の火元となるユーザの家や、本人と思われる人物が写った画像などが「特定」されることも起こっている。

　ソーシャルメディアは、不特定多数のユーザと接点を持つ。このようななかで、匿名性・即時性・拡散性・蓄積性という 4 つの特性が負に働くこともあれば、もちろんそうでない場合もある。

　東日本大震災の際には、これまでのメディアでは考えられなかった点で機能した。例えばライブでの津波の様子や、長周期地震動で揺れる首都圏の高層ビル、パニックになる人々などを伝えた。また通信網が寸断される中、被災している状況を伝え、その救助の一助となった。一方、工場の火災から有害物質が降るなどのデマが出回り、広がるなど負の面があることも明らかになった。特性をうまく理解し、ソーシャルメディアと付き合っていきたい。

第1部 「情報」と社会

┌─── コラム　人間の動きからクラッキング ───┐

　K駅でICカードのチャージをしようとした。機械でのチャージ
は5,000円札までで、1万円札でのチャージは窓口で駅員が操作
することになっていた。

　駅員はチャージ分のお金を受け取ったのちICカードをリーダの
上に乗せ、「ある」パスワードを入力した。そのパスワードが安直
なもので、しかも入力する様が丸見えであった。

　推測されにくいパスワードの設定ももちろん必要であるが、情
報が「人間」から漏れることもある。入力操作が見えてしまうこ
とを防ぐことも、必要なのである。人間による意図しない操作に
よって、漏れてはいけない情報が知られてしまうこともあること
を知っておくべきである。

第9章 ネットワーク時代の知的生産性の向上

　近年、PC やスマートフォン、タブレットなどでは、ネットワークに接続して利用することが前提となっていることも増えてきた。例えば、これまで利用した経験もあるであろう Word や Excel、PowerPoint などの Office 製品も、スタンドアローン型のアプリケーションではなく、ネットワークアプリケーションとしての Office Online がある。

　また、定額制をとり常に最新版を利用することができる Office 365 がある。One Drive という 1TB（2017 年 2 月末現在）のオンラインストレージも提供され、このストレージには複数のデバイスからのアクセスが可能になっている。

　このように、コンピュータとネットワークは結びつきをより強めている。2000 年に成立したいわゆる IT 基本法を受けて IT 総合戦略本部が設置され、2001 年には e-Japan 戦略が示された。その後 u-Japan 政策を経て、現在は IoT（Internet of Things）という概念も登場し、政策としても取り入れられている。IoT はコンピュータだけではなく、あらゆるものをネットワークで接続し、相互に通信させようとするものである。

　コンピュータとネットワークの結びつきによって、あらゆるデバイスが知的生産性を向上させるツールとして成り立とうとしている。かつてオフィスにコンピュータを導入する理由として、量を高速にこなすことを求められた（現在でももちろんそうである）。単純な省力化と効率化から、第 2 部でもふれる、MIS（Management Information System）や DSS（Decision Support System）、SFA（Sales Force Automation）などの情報システムは、次の段階である戦略的な利用を目指している。

　コンピュータとネットワークで収集された情報の戦略的利用例

第1部 「情報」と社会

としては、近年ポイントカードでの利用履歴データが製品開発や
商品仕入に活用されたり、カーナビから発信される自動車の運転
履歴から、交通網の混雑を示したり安全な道路網の設計に活用さ
れたりするなど、多種多様に渡っている。

　コンピュータでのグループワーク支援の考えも一般化したとい
える。企業体でのグループウェア（Groupware）の利用だけでな
く、共通の興味関心を持つグループでそれを使うことも珍しくな
くなった。コンピュータがオフィスで戦略的利用されるように、
パーソナルユースでも創造的な利用が試みられている。

9-1. 日常的な情報収集　RSSリーダ　Inoreader

　Inoreader は RSS リーダである。まず RSS について述べる。
RSSはいくつかの異なる規格があるが、略すとすべてRSSになる。
RSS はニュースサイトやブログなどの内容を配信するための記述
フォーマットで、簡単な XML（Extensible Markup Language）
で記述される。

　RSS リーダは、様々なサイトから出力される RSS を集め、統
合して表示することができる。様々なサイトをブックマークから
渡り歩かなくとも、ワンストップで更新された記事にアクセスす
ることができる。RSS リーダの一つである Inoreader は Web ア
プリケーションとして動作し、スマートフォンやタブレットでは
専用アプリが準備されている。

　その他の RSS リーダとして、feedly や Feed Watcher がある。
feedly は純粋な RSS リーダと言える（Web アプリケーション
と携帯端末用アプリで動作）が、日本語に対応していないため、
RSS そのものに慣れていない場合、設定が難しく感じる可能性が
ある。Feed Watcher は、かつてあたかも自分用のポータルサイ
トを作ることができた My Yahoo !（サービス終了）に似ており、

— 78 —

第 9 章　ネットワーク時代の知的生産性の向上

RSS リーダはその機能の一部である。

図 9：Inoreader で RSS が出力されているサイトの要約を表示している例。
　　　左ペインにサイト一覧が表示されている。　　（出所：著者作成）

　サイトの情報は、RSS リーダシステムが推薦するものを登録する方法と、自分でサイトを登録する方法がある。Inoreader の場合、画面左上の「ここから検索か購読」と書かれたテキストフィールドに登録したいサイトの URL を入力し、エンターキーを押下する。うまく登録できると、「購読アイテム」に、登録したサイト名が追加される。あとは、ブラウザの設定で、Inoreader の URL をブラウザをはじめに立ち上げたときに表示するサイトとして設定するとよいだろう。

第1部　「情報」と社会

9-2. あらゆる環境からアクセス　Dropbox

Dropbox はオンラインストレージである。ローカルディスクの任意のフォルダを Dropbox に設定すると、そのフォルダ以下のフォルダとファイルが、ネットワーク上にアップロードされる（正確にはローカルディスク上のフォルダ・ファイルと「同期」している）。

サーバ上のフォルダとファイルには、Web ブラウザか専用クライアントアプリケーション（各種 OS 用あり）でアクセスする。また、任意のフォルダとファイルは他のユーザと共有することもできるため、共同作業を進める際便利である。また不意のトラブルで、ファイルを取り出すことができなくなっても、オンラインストレージに保存しておくと結果的にそれがバックアップになる場合がある。

その他、オンラインストレージには様々なサービスがある。例えば、Google Drive や OneDrive が挙げられる。どのサービスにも一長一短があり、また共同作業をするメンバによっても普段使いのサービスが異なることが考えられる。少し技術的に詳しくなったら、自前で WebDAV サーバを立て運用する方法もある。

9-3. 情報の統合　Evernote / OneNote

Evernote や OneNote はあらゆる「もの」を保存できるアプリケーションである。ファイルも Web ページもメモも統合的に扱える。Dropbox との違いが理解しにくいかもしれない。Dropbox はあくまでも「ファイルを置いておく場所」と言えよう。一方、Evernote や OneNote は、データを保存し統合的に管理することによるデータベースと言える。

PC で Web ページをおおよそ閲覧して、これらのアプリケーションで保存しておくと、データがローカルディスクだけでなく

— 80 —

オンラインストレージ上にも保存され、スマートフォンやタブレットから、後でまとめて読むことも可能である。またOCR機能がついているため、メモや印刷物のデータをテキストデータ化し、のちに検索対象とすることができる。

　Evernoteは、多くのサービスが連携している。例えばキングジムという事務用品メーカの製品は、SHOT NOTEやpomeraで書（描）いた内容をEvernoteに保存し、管理できる。またScanSnapなどイメージスキャナで取り込んだ内容を、そのままEvernoteへ保存することも可能である。

　OneNoteはMicrosoftの製品である。よって同社の他のアプリケーションとの親和性が高い。例えば、画面上の「表」を保存したいときEvernoteでは画像として扱われるが、OneNoteではExcelの表として扱うことができる。

図10：OneNoteの、メニューバーのリボン（一部）を見ると、あらゆる情報が一元管理できるようになっていることが分かる　　（出所：著者作成）

　メモもテキスト情報として保存しておくことができる。「ノートブック」（Evernote）または「ノート」（OneNote）と呼ばれるエリアが準備され、ワープロライクな入力が可能である。また一般のアプリケーションのような「保存」操作をしなくても保存がなされる。さらに、任意のタイミング、または自動的にサーバ上のデータと同期され、他のデバイスからのアクセスも可能となる。

　さらに細かい機能として、Webブラウジングをしている際に

第 1 部 「情報」と社会

　気になった記事や将来使うであろう記事を、スクラップブックのように切り取って保存できる「Web クリッパー」も、Evernote では Web ブラウザ用のプラグインとして準備されている。もちろん OneNote でも同様の操作が可能である。

　　図 11：Google Chrome のアドインとして、表示している Web ペー
　　　　ジをクリップ機能がある　　　　　　　（出所：著者作成）

　その他、Evernote や OneNote を効果的に使う方法が数多く考え出されている。データを入力するためのテンプレートを提供したり、使い方そのもの（ハックするという表現を使うこともある）を指南したりするサイトもみられる。

— 82 —

第 10 章 さらに学習を進めるうえで参考となる 文献ガイド

　本章では、第 1 部の内容をさらに深く学習するための文献を紹介する。第 1 部で扱わなかった部分や説明が足りない部分を補完できる。

兼森進（監訳）（2007）『コンピュータを使わない情報教育 アンプラグドコンピュータサイエンス』イーテキスト研究所.
　ティム・ベル博士の「Computer Science Unplugged」を翻訳し、日本向けでは追補された情報教育の本。もともと小学生向けであるため、数学での説明がされていないにもかかわらず、第 1 部の内容よりさらにコアになる情報理論やアルゴリズムの基礎、オートマトンの基礎などが学習できる。
参考：http://csunplugged.org/（英語）

西上原裕明（2013）『疑問解消！ しくみからよくわかる Word 再入門』技術評論社.
　Word の操作は、基本だけでは困難なことも多い。改行すると勝手に字下げされる機能や、長文を書く際に必須になるスタイル機能など、煩わしい点への対応方法を網羅している。機能は一度習っても実際に使うシーンがなければ忘れてしまうことが多い。よってリファレンスマニュアルとして手元に置くことを勧める。若干対応バージョンが古いが、操作方法に大きな変更はない。

第1部 「情報」と社会

高橋佑磨，片山なつ（2016）『伝わるデザインの基本　増補改訂版　よい資料を作るためのレイアウトのルール』技術評論社.

　非デザイナにとって、PowerPoint などを使ってビジュアルに訴える資料を作成するのは困難を伴う。デザインセンスではなく、レイアウトや色の基本ルールを学ぶことで「読みやすい」「伝わりやすい」資料が作れることを目指している。
参考1：http://tsutawarudesign.web.fc2.com/
参考2：http://www.slideshare.net/yutamorishige50/ss-41321443

宮野公樹（2009）『学生・研究者のための 使える！ PowerPoint スライドデザイン 伝わるプレゼン1つの原理と3つの技術』化学同人.

　上記の高橋らの文献と内容はほぼ同一であるが、良くないデザインを修正して、伝わるデザインにする事例が多く掲載されており参考となる。

久野靖, 佐藤義弘, 辰己丈夫, 中野由章（監修）（2017）『キーワードで学ぶ最新情報トピックス 2017』日経 BP 社.

　「キーワードで理解する最新情報リテラシー」シリーズから数えて2017年に9版を数える。毎年のように出現する新しいトピックに触れている。

@IT，http://www.itmedia.co.jp/

　IT 関連の仕事に従事している人向けのポータルサイト。技術的な内容だけではなく経営と情報に関する記事、起業と IT に関連する記事などが掲載されている。

第2部
情報と「社会」

第1章　コンピュータ社会のはじまり

　コンピュータの歴史は、論理素子の集積度から、それぞれ第1世代から第4世代に分類されることが多く、さらには第6世代まで分類する主張もある（近藤, 2002）[1]。論理素子とは、論理積・和・否定など、論理演算をする装置のことである（ゲートと呼ばれる）。

　しかし、集積度での分類よりも現在はコンピュータがどのように社会で利用されたかによっての分類も必要であろう。そこで、利用のされ方にも着目する。さらに社会で具体的にどのように利用されているかにも触れる。

表1：論理素子による世代分類

世　代	論理素子
第1世代　1950年代〜	真空管
第2世代　1960年代〜	トランジスタ
第3世代　1965年代〜	IC（集積回路）
第3.5世代　1970年代〜	LSI（大規模集積回路）
第4世代　1980年代〜	VLSI（超LSI）
第5世代　1990年代〜	（インターネット利用萌芽）
第6世代　2000年代〜	（インターネット普及）

出所：浅川(2002)、近藤(2002)、宮川・上田(2014)より作成

---

1. 近藤（2002）の第5世代と第6世代は、使われている論理素子ではなく利用インフラでの分類が混在しているため、表中ではかっこ書きとした。

第2部　情報と「社会」

1-1. コンピュータのはじまり

　世界初のコンピュータを特定することは非常に困難である。
理由はいくつかある。その一つに、コンピュータの開発動機が
戦争に関することだったことがある。例えば第2次世界大戦で
は、連合国側と枢軸国側でその技術が隔絶されて、さらには隠
されてしまった。時代が違うものの、東西冷戦のさなかであれば、
その対立構造が宇宙開発や兵器の分野で見られる。

　また、何をもって「コンピュータ」（電子計算機）とするか
という問題もある。単純に計算をするだけであれば、後述の
ENIAC 以前にもすでにアナログ計算機は存在しており、利用さ
れていた。日本においても、いわゆる電卓の登場以前 1970 年頃
までは、機械式計算機が事務利用されていた[2]。

　電子的に演算するという点では、1942 年に稼働した、アタナ
ソフ - ベリー・コンピュータ（Atanasoff-Berry Computer：通称
ABC）が該当するであろう[3]。しかし、ABC は連立一次方程式を
解くことしかできなかった。そのころすでにアナログ式の計算
機、例えば九元連立方程式求解機でも、連立一次方程式を解く
ことができた[4]。

　弾道の演算のために設計・開発された ENIAC は、第2次世
界大戦が終わった後の 1946 年に登場する。ENIAC は最初のコ

---

2. 手廻計算器（機ではない）と言えばタイガーといわれるほど、一時代を築いたメー
   カがある。タイガーは、その後、運輸業向けのシステム開発に業務内容を変えた。
   現在では、運輸システムやデジタルタコメータを販売している企業として知られ
   ている。アナログ式の計算機からデジタル時代にうまく対応できた好例であろう。
   参考：http://www.tiger-inc.co.jp/temawashi/temawashi.html
3. 開発者である John Atanasoff 伝に ABC の詳細が見られる。参考：http://history-
   computer.com/People/AtanasoffBio.html
4. コンピュータ博物館 Web 版に、九元連立方程式求解機が紹介されている。参考：
   http://museum.ipsj.or.jp/computer/dawn/0057.html

— 88 —

第 1 章　コンピュータ社会のはじまり

ンピュータと言われている（どのコンピュータが最初かに関しては論議されており、例えば大駒（2002）は ABC をそれと説明している）。ENIAC の開発資金の出どころは軍関連ではあった。もっとも、開発者の一人ジョン・モークリーは気象予報に、演算能力の必要性を感じていたようである（マッカートニー, 2001）。

　その後、立て続けに、EDVAC や EDSAC など、コンピュータ史でも有名なマシンが次々に誕生する。このころコンピュータは、主に大学や研究機関で研究がなされていた。

　そのような中、日本初のコンピュータは、1956 年に FUJIC として誕生する。FUJIC は一企業で、さらにその中のほぼ一人の手によって研究・設計・開発された点において（情報処理学会歴史特別委員会, 2010）、興味深い存在である。

1-2. コンピュータの商用利用と情報化の進行

　研究開発の段階から、いよいよコンピュータが実用のものとして使われるようになる。中でも UNIVAC I は、商用コンピュータとして最初期に成功したコンピュータとして知られている[5]。UNIVAC I は 1951 年 3 月にアメリカ国勢調査局に導入され、1950 年の国勢調査集計の一部に利用された（U.S. Census Bureau, 2016）。

　もちろんコンピュータは公的な利用から商用での利用へと、その幅を広げることになる。現在でもその名をよく知られている IBM も、初の商用コンピュータである IBM 701 を 1952 年に

---

5. 「最初の」商用コンピュータは、マンチェスター大学に導入された、Ferranti Mark 1 だとされている（The University of Manchester, 2005）。

— 89 —

第2部　情報と「社会」

発表している[6]（IBM, 2011）。

　コンピュータの商用利用は拡大し、1964年にIBMはSystem/360を発表する（Padegs, 1981）。特にSystem/360はコンピュータの技術形態の基盤を構築した（歌代，2007）。コンピュータ業界では、「白雪姫と7人の小人」の白雪姫にIBM、7人をその他メーカに例えることもあった。

　System/360は大ヒットした商用コンピュータの一つである。しかしながら、コンピュータは、まだ大変高価な存在であり、企業においてもその購入は難しいものであった。

　これらのコンピュータは、メインフレーム（または汎用機など）と呼ばれており、企業の基幹業務システムとして利用されていた（現在でも稼働しているものがある）。メインフレームの特徴は、もちろん高性能であることは言うまでもない。その他、可用性や保守性の高さも求められた。

　コンピュータは現在に至るまでいくつかの発展段階がある。メインフレームから始まる情報システムの発展は4段階に分けられる。まず、メインフレームの時代があり、PC、インターネットの時代と続き、2010年以降はユビキタスネットの時代とされている（島田・高原，2008）。

　また、表3のように、利用形態からその変化を宮川・上田（2014）は、5段階に分けている。1980年代中頃までを「メインフレーム期の集中処理」とし、以下およそ10年刻みに「分散システム」「クライアント・サーバによる分散」「インターネットによる分散と

---

6. IBMのメインフレームの歴史がまとめられたWebページ「IBM Mainframe」にIBM 701からz900までの記述がある。現在でもその流れは受け継がれており、2015年にz13をリリースしている。参考：http://www-03.ibm.com/ibm/history/exhibits/mainframe/mainframe_intro.html

第1章　コンピュータ社会のはじまり

表2：情報システムの発展段階

	メインフレームの時代	PC（パソコン）の時代	インターネットの時代	ユビキタスネットの時代
時期	1950年代後半〜	1970年代後半〜	1990年代後半〜	2010年代前半〜
処理タイプ	集中	分散	集中・分散	集中・分散
組織空間	組織内	組織間	組織・個人間	組織・個人・物質間
システム構成要素	・ホストコンピュータ ・専用端末 ・専用回線	・サーバ ・クライアント ・LAN、WAN	・Webサーバ ・Webブラウザ ・インターネット	・各種端末 ・各種サーバ ・各種ネットワーク
目的	省力化	顧客満足	協働	共生

出所：島田・高原（2008）を著者が一部修正

表3：コンピュータの利用形態の変化

年代	処理方法
〜1980年代中頃	メインフレーム期の集中処理
1980年代中頃〜	分散システム
1990年代中頃〜	クライアント・サーバによる分散
2000年代末頃〜	インターネットによる分散と集中
2010年代頃	クラウドコンピューティング

出所：宮川・上田（2014）より著者作成

集中」「クラウドコンピューティング」としている。島田・高原
（2008）と宮川・上田（2014）の両者を比較すると「情報システ
ムの発展段階」と「コンピュータの利用形態の変化」の年代と
処理方式部分に大きな違いは見られない。

　このような情報関連技術の発達と社会進出を、産業革命に値

第2部　情報と「社会」

する大きな革命（例えば、情報革命）となると指摘した者も多い。
梅棹（1963）は、これまでの農業の時代が、工業の時代を経て、
今後情報産業の時代へシフトすることを、情報産業論[7]として論
じた。また、ダニエル・ベルも「脱工業化社会」（Bell, 1973）と
して情報化社会の到来を論じている。アルビン・トフラーはほ
ぼ同様のことを「第三の波」（Toffler, 1980）として発表している。

　現状を鑑みると、ほぼ予測されていた通りの情報化社会へと
突入していると言える。しかし、コンピュータが現在のように
使われるようになるまでには、もう数ステップが必要である。

1-3. 処理方法の変遷

　前項の通り、おおよそ1980年代までメインフレームが中心に
使われていた。初期のコンピュータでは集中処理方式を採用し
ていた。データを穿孔テープやパンチカードなどを用いて、コ
ンピュータに直接持ち込んで一度に処理をしていた。

　このようにまとめて処理をする方法を一括処理（バッチ処理）
という。それはコンピュータの導入目的が、省力化にあったこ
とからも分かる。例えば、給与の計算、請求処理など、「ごとお
日（月の日付の一の位が、0と5の日の俗称[8]）」に実行するもの
には一括処理が向いている。

　一方、入力されるデータなどを即時実行することを、リアル
タイム処理という。オンラインリアルタイム処理では、処理を

---

7. この論文は、『放送朝日』で発表されたものであり入手が難しい。そこで、再録さ
れている次の文献を参照されたい（梅棹忠夫（1999）『情報の文明学』中公文庫，
中央公論新社）。
8. 実際に、道路も渋滞したり、銀行の窓口が混雑したりする場面に遭遇することも
ある。よく観察してみよう。

即座に実行する。現金自動預払機（ATM）やカード決済などで利用されているため身近に感じられるだろう。

　一括処理に加えてリアルタイム処理が可能になると、コンピュータの資源を有効に使おうとする考えが生まれる。企業など組織に一台しかコンピュータがない場合、複数のユーザで共用せざるを得なかった。このような場合、処理時間を分割し、各ユーザに利用を順番に割り当てることにより、同時に多くのユーザがコンピュータを使えるようにした。

　これをタイムシェアリングシステム（TSS）という。TSSの概念を考えだした者には諸説ある。日本においては1959年、石井善昭によって発明されたTSSが、NEAC-2202に実装された（情報処理学会，2003）。

　TSSの登場で、コンピュータは人間に「優しく」なった。TSSでは対話的に処理できる点で、使い勝手が向上した。また、それまで計数処理や数値演算に主に用いられたコンピュータだったが、対話的にプログラミングが可能であるBASIC（Dartmouth College Computation Center,1964）も誕生した（Trustees of Dartmouth College,2014）。BASICは初学者向けのプログラミング言語であり、より多くのユーザがコンピュータを利用する足掛かりとなったと言える。

　1970年代後半から、PC（パソコン）が登場し始める。PCの誕生によって、高価で手が届かなかったメインフレームと異なり、比較的安価でコンピュータを保有することができるようになった。

　このことにより、処理方法は集中から分散に広がることとなる。1990年代には小型のコンピュータへのリプレイス（置き換え）も進み、さらにオープン化の流れに乗った。メインフレームではメーカごとに、専用のハードウェア・ソフトウェアを準備す

第2部　情報と「社会」

る必要があったが、オープン化のもとでは、標準規格や業界標準、事実上の標準などを柔軟に取り入れ、その敷居を下げることとなる。

　IBM は、自社の IBM-PC/AT という PC のハードウェア仕様を公開している（自社ソフトや周辺機器類の普及のためだと言われている）。その後、PC/AT 互換機と呼ばれる、公開された仕様に基づいた PC を発売するベンダが現れることとなる。現在でも「AT 互換機」という言葉を聞くことがあるかもしれない。

　UNIX でのオープン化、ハードウェアのオープン化、さらに特に 1990 年代中頃からのインターネットの普及は、集中と分散双方を取り入れ、発展することとなる。その目的は「協働」である。

　CSCW（Comuputer Supported Cooperative Work）と呼ばれる協働を支援する考え方とシステムの誕生と普及、知的生産性向上のための支援システムの研究開発が進んだ。現在では時空間を超越したメディアとして、インターネットは位置付けられるであろう。

第1章　コンピュータ社会のはじまり

―――― コラム　ホビーPC ――――

　80年代、ホビー用途のPCも数多く登場した。NECのPC-8001・PC-6001シリーズ、富士通のFM-8・FM-7シリーズ、シャープMZ・Xシリーズなど各社から各種発売され、さながら覇権を争う戦国時代のようであった。

　そのような中、統一規格として、MSXシリーズも普及した。MSX規格にはカシオやソニー、松下電器（MSX規格最後のMSXturboRを発売）など、多くのメーカが参入していた。MSXでプログラミングを学んだ世代は、おおよそ76世代（橋元, 2010）になる。

　変わり種のホビーPCとして日本語でのプログラミングができる、トミー（現在のタカラトミー）のぴゅう太シリーズ、任天堂のファミコンベーシックなどがある。また、ポケットコンピュータや関数電卓も発達しはじめた。

第2章　企業とコンピュータ

　実用的なコンピュータの誕生から、企業での利用も活発化する。初期の利用目的は、業務の省力化（自動化）であったが、情報技術の発達と情報システムの概念の進歩で様々な企業活動へのアプローチがある。

　まずは EDPS から始まり、MIS の登場や OA の考え方の勃興がある。さらに SIS を経て、ネットワーク（インターネット）を利用した集中と分散環境へ移行している。

2-1. EDPS

　1950 年代は省力化のためにコンピュータが利用されていたことをすでに紹介した。省力化は、業務の自動化によってもたらされていた。具体的には、EDPS（Electronic Data Processing System）という電子データ処理システムが利用されている。

　EDPS は細かく分けると、ADP（Automatic Data Processing）と IDP（Integrated Data Processing）という段階がある。ADP では事務の合理化や機械化を進めた。IDP では個別になされていた処理を統合したものである。

　しかし、EDPS で実現できたのはあくまで計算のみであったとされる。このようにコンピュータ利用は省力化が目的となっていたが、それでも手作業よりははるかに高速で正確であった。当時の国税庁のシステムからも、人手の機械化に取り組む様子が見て取れる（竹腰，1967）。

2-2. MIS

　コンピュータシステムの技術発展を背景に、経営情報システム（MIS：Management Information System）という考え方が

— 97 —

第2部　情報と「社会」

生まれる。コンピュータが扱う内容が、データから情報に移り変わったことを意味する。

1960年代、経営の意思決定に必要な情報を提供するとしていたが、実際には残念ながらうまくいかなかった。経営に関する判断を支援するシステムであったが、当時のコンピュータはあまりにも非力であった。また、コンピュータで何ができて何ができないかが、十分理解されていなかった（堀川, 2003）。

日本は MIS に関しては後発であり、1967年に「訪米 MIS 使節団」を送り、報告書（訪米 MIS 使節団, 1968）を作成している。これを機に、日本でも MIS ブームが沸き起こった。しかし前述のとおり、その理念を達成することはできず、MIS のミスをはじめ、「MIS is Mirage[9]」（Dearden, 1972）「The Myths of MIS[10]」（Mintzberg, 1972）と評された。

2-3. DSS

1960年代～1970年代のコンピュータの能力では、とても MIS が目指したものは獲得することはできなかった。MIS で経営者やその他階層のメンバに対しても、意思決定に有効な情報を提供することができなかった点を反省し、また一方で情報をある程度統合的に提供できるという点から、意思決定支援システム（DSS：Decision Support System）が考え出された。

DSS の概念は、Scott Morton（1971）によるとされている。DSS という言葉は、まだ MDS（Management Decision Systems）となっている。Scott Morton の DSS における意思決定の分類と

9.　MIS は幻想であるの意。

10. MIS 神話の意。

— 98 —

管理内容はもとより、その後、サイモンの意思決定の分類（Simon, 1977）での意思決定技術との対応などが生まれた。グループにおける DSS である GDSS という考え方も、現在では一般的である。

　DSS に関しては多くの意思決定の種類と、その技術の対応が現在でもある。例えば、その意思決定の方法として代替案を提示する AHP（Analytic Hierarchy Process）（Saaty, 1980）がある。AHP は、解決したい目的に対して評価基準と、評価基準を選択する際の重みを決めて階層構造にし、スコアに基づき代替案を示す仕組みである。

2-4. SIS

　1980 年代から 1990 年代にかけて、戦略情報システム（SIS：Strategic Information System）（Wiseman, 1985）の必要性が高まった。ちょうどコンピュータも PC の時代に向け、その利用形態も分散に向かっていた。SIS は、激化する企業間競争から優位に立つための仕組みとも言えよう。

　失敗だとされている MIS ではあるが、DSS で述べた通りできることもあった。例えば、即時処理が必要なレジでの会計処理がある。現在のレジスタには、単純な計算機能だけではなく、POS（Point of Sales）システムが組み込まれている。POS システムだけでは品ごとの売上しか分からないが（Point of Sales なため）、全体的に何がどの時間にどのような人物に売れているのかを把握する基礎データとなりうる。これはマーケティングの基礎情報として戦略的にコンピュータを利用している例として、よく知られている。

第2部　情報と「社会」

2-5. その後の情報システム

　SIS のあと、インターネット時代に入り、ビジネスとコンピュータに加えて、ネットワーク（特にインターネット）という要素が加わった。そこで、事業や業務全体のプロセスを最適化する BPR（Business Process Reengineering）の中で情報システムが使われたり、生産から消費までの流れを見直し最適化する SCM（Supply Chain Management）で、情報システムが利用されたりするようになる。

　また、営業活動を支援する SFA（Sales Force Automation）が生まれたり、知識を経営に生かそうとするための KMS（Knowledge Management System）が考え出されたりした。

　どの活動が、またどのシステムが「正解」というものはない。それぞれのビジネスや企業文化、マーケットなどの要因から、それぞれの最適解を導こうとしている。どの情報システムも、人間の活動を支援しているという意味で、関与の仕方は一致している。

— 100 —

第3章　インターネット

　企業における分散処理がネットワークで実現すると、メインフレームからPC利用へ移行する。そして、インターネットが普及することによって、廉価・小型なPCは企業の多様な情報処理への対応を求められるようになった。本章では、インターネットそのものについて説明する。

3-1. インターネットの成り立ち

　メインフレームでの集中処理ネットワークが主流のなか、アメリカ国防総省ARPA（Advanced Research Project Agency）から予算を得て、いくつかの大学と研究機関は、分散ネットワークの研究開発をスタートさせた。

　データをパケット（packet）に分割して送信する方法も開発された。パケットには宛先や送元、パケットを再度組み立てる際の情報などを付加していた。この技術を利用して、ARPANETを構築するに至った。ARPANETは1969年末に4つの大学が接続されたネットワークとなった。

　日本では1974年にN-1プロジェクトでのN-1ネットワーク開発がスタートしている（Inose, H. *et al.*, 1975）。始めは東京大と京都大のコンピュータセンタの電子計算機を、電電公社（今のNTT）の新データ網で結び、相互利用することを目的とした。その後全国7大学の接続を目論んでいた（安永ら, 1978）（浅野, 1979）。1980年代には多くの大学が接続するようになる。

　日本でも1980年代に、独自のプロトコルながらも「ネットワークのネットワーク」は形作られていたことがわかる。しかし、オープン化された仕組みはまだ存在していなかった。N-1ネットワークでは、安永ら（1978）の文献などから、各大学のメーカが異

— 101 —

第 2 部　情報と「社会」

なるコンピュータ間で通信を実現する方法を、プロトコルや通信の性能評価などを含め知ることができる。

　ARPANET は、のちに大学や研究機関のネットワークである NSFnet などと相互接続される。研究者達は、ネットワークでメール・ネットニュース（現在ではあまり使われない）・文献検索に利用する Gopher（現在ではほぼ使われない）などを利用していた。TCP/IP というインターネットの基礎となるプロトコルも正式に採用し、「インターネット」となった。

　さらには、映像や音声、そしてハイパーリンクという考え方をもった Web が開発された。このことにより利用者は増大し、1990 年頃に利用が商用解放され、現在の形となった。

　日本におけるインターネットは、1982 年に村井純[11]によって構築され、1984 年には慶応大、東京工業大、東京大の接続が始まり JUNET の運用が始まった[12]。また、学術ネットワークとしてパケット通信網が構築されたのち、インターネットに対応した SINET が構築されている[13]。

　日本の商用利用のスタートは、1992 年の IIJ 設立にあるだろう。IIJ は「(株)インターネットイニシアティブ」という会社名称に恥じない、日本初のインターネットプロバイダである。

　インターネット普及前夜は、企業では専用線が、個人レベルでは公衆回線を使ったパソコン通信が使われていた時代である。パソコン通信サービスとして富士通系のニフティサーブ

---

11. 日本におけるインターネットの父と呼ばれている。

12. WIDE　参考：http://www.wide.ad.jp/about/history-j.html

13. 1987 年からパケット交換網を学術機関に提供し、1989 年には NSFnet と接続している（当時、まだ SINET とは呼ばれていなかった）。インターネット網となったのは、1992 年である。現在、SINET5。参考：https://www.sinet.ad.jp/aboutsinet/history

— 102 —

第3章　インターネット

（NIFTY-Serve）と NEC の PC-VAN、朝日新聞の ASAHI ネットなどがよく知られていた。その他、完全に仲間内のみのパソコン通信ネットワークを構築することも可能であった。

3-2. インターネットの仕組み
通信の基礎
　インターネットは以前のネットワークでは、各メーカそれぞれで通信の方法を定めていた。そこで、1985 年に ISO 参照モデル[14]が標準化された。ネットワークを 7 つの層（レイヤ）に分割し、各層のプロトコルと階層間のインタフェイスを示したものである。

表 4：OSI 参照モデルと TCP/IP モデルの対応

OSI 参照モデル	TCP/IP モデル
アプリケーション層	アプリケーション層
プレゼンテーション層	
セション層	
トランスポート層	トランスポート層
ネットワーク層	インターネット層
データリンク層	ネットワークインタフェイス層
物理層	

出所：著者作成

---

14. JIS では、「開放型システム間相互接続の基本参照モデル」とされ、同じく 1985 年に制定されている。

— 103 —

第2部　情報と「社会」

　TCP/IP は 4 層に分割されている。これを TCP/IP モデルともいう。4 層のままの理由は、もともと DARPA の TCP/IP モデルが、OSI 参照モデルよりも先に登場したことや、OS やアプリケーションの発達によって、4 層程度の標準化でも十分だったからと考えられる。

　OSI 参照モデルは、教科書では頻繁に見かけるが、実装では普及しているとは言いにくい。理由は、OSI 参照モデルがなにか特定の通信ネットワークを指しているわけではなく、汎用的な側面を持つからであろう。

　一方 TCP/IP モデルは、良くも悪くも「緩い」一面を持っているため、受け入れられやすい。その全容は、厳密に規格化するのではなく、あくまで RFC（Request for Comments）によるもの、つまり「コメントください」文書によるものであるといってよい。

ネットワークの基礎

　インターネットは世界のコンピュータまたはネットワークが接続されたネットワークのネットワークともいえる。その巨大なネットワークで一つのホスト（ホスト＝コンピュータではない）を特定するのは難しい。

　そこで、住所のような役割をもつ IP アドレスをホストに割り当てる。割り当てる方法はいくつかあり、インターネット網のなかでもグローバルな部分に関しては、それぞれの国や地域の管理団体による。末端の例えば学校や企業のネットワークであれば、その組織の管理者が割り当てることが多い。

　IP アドレスは、現在 2 種類ある。一つは 32bit で表現される IPv4、もう一つが 128bit に拡張した IPv6 である。約 43 億個もあった IPv4 ではあったが、すでに枯渇しており、在庫配分や返

— 104 —

却されたアドレスの割り当てで対応をしている（JPNIC, 2017）。
IPv6 への移行は始まっているが、（その詳細は割愛するが）様々
な問題によって、順調に移行に向かっているとはいいがたい。

　IP アドレスでホストが特定できるようになると、巨大なネット
ワーク内でも互いのコンピュータ同士での通信もやりやすく
なる（住所がわかると郵便が届けられるのと同じ）。しかし、例
えば、次の数字（IP アドレス）を記憶するのは難しい。

183.79.198.116

　ただのピリオドで区切られた数字は、人間に優しいとはいえ
ない。そこで、意味が分かるように文字や記号で表現したもの
がある。

www.yahoo.co.jp

　このように、素の IP アドレスに名前を付けることができる。
逆に、Web ブラウザのアドレスバーから、「http://183.79.198.
116/」とアクセスしても、しっかり Yahoo! Japan のページが表
示される。

　183.79.189.116 は、yahoo.co.jp ドメインの www というホスト
を指していることがわかる。このように IP アドレスとドメイン
名を管理する仕組みを DNS（Domain Name System）という。
人間は意味が分かる文字を利用するが、実際の通信では DNS へ
IP アドレスを尋ね、返ってきた IP アドレスに基づいて通信する。

　通信のためのデータは、パケットと呼ばれるものに分割され
て、巨大なネットワークを介して通信相手に行き着く。このとき、
どの経路を使えば相手にパケットを届けることができるかの判

第2部　情報と「社会」

断は、ルータと呼ばれるコンピュータが担当している。

　ネットワークでは様々なことが起こる。例えば、回線そのものの切断や途中のルータの故障、また新しい回線の敷設などもある。さらに新しいネットワークの接続もある。

　その際にインターネットには、適切な経路を組み立てる仕組みが備わっている。小規模なネットワークであれば、RIP（Routing Information Protocol）や、OSPF（Open Shortest Path First）が使われる。

　東日本大震災発生の際、電話回線など従来の通信回線が使えない状況にあった。インターネット網も大きな被害を受けながらも、ロバストであったため利用ができていたとされる（日本ネットワーク・オペレーターズ・グループ，2011）。これもネットワークのどこかが繋がっていたことに加え、ルータがうまく機能していたことによるといえる。

3-3. インターネットの代表的なサービス
メール

　メールの送信（自分のメールサーバへの転送）と、自分のメールサーバと宛先のメールサーバ間の転送では、SMTP（Simple Mail Transfer Protocol）が利用される。SMTP を暗号化した、SMTPS もある。

　受信では、POP（Post Office Protocol）や IMAP（Internet Message Access Protocol）を利用する。POP は一般的に POP3 が利用される。IMAP は IMAP4 が利用される。IMAP は、受信だけではなく、メールサーバに置いてあるメールを操作する。

　サーバの資源（ディスクやネットワーク回線など）が乏しかった時代は、POP を利用し、受信したメールをすべてクライアント（受信者）側で管理させる運用が一般的であった。しか

— 106 —

第3章　インターネット

し、現在では一人で複数のデバイス（デスクトップ PC とノート PC、スマホなど）を使い分け、それぞれでメールを送受信することも珍しくなく、この場合は IMAP によりサーバ側でメールを管理したほうが都合が良い。

Web ページ閲覧

「インターネットをする」という表現は、おそらく Web ページの閲覧を指すであろう。Web ページの表示のためには、HTTP（Hypertext Transfer Protocol）が使われている。

HTTP での通信は暗号化されていないため、安全に通信する（通信の途中で改ざんされない、のぞき見されないなど）ために HTTPS も一般化している。例えば、Google のサービスや Wikipedia では HTTPS が使われているため、Google Chrome の場合アドレスバーの左に緑色で「保護された通信」と表示がなされる。Edge の場合は、アドレスバーの左に錠前のアイコンが表示される。また、URL にも「https:// ～」と http のあとに s が付く。

ファイル転送

ファイルを正確に転送するために、FTP（File Transfer Protocol）が使われる。現在では専用のクライアントアプリケーションもあまり見かけなくなったが、サイズが大きなファイルや、複数のファイルをダウンロードしたり、頒布したりする際には FTP サーバと合わせて利用されることがある。

例えば OS（Linux など）のイメージを FTP で得ることもあるだろう。また、レンタルサーバ上で独自の Web ページを運用する際や、Web ページを管理する CMS（Contents Management System）の設置作業では、FTP 利用が不可欠で

— 107 —

第2部 情報と「社会」

ある。

　公開されている FTP サーバもある。国内であれば、大学や研究所の FTP サーバが公開されているため、そこから必要なファイルを得ることもできる。例えば、北陸先端科学技術大学院大学や理化学研究所、KDDI 研究所のサーバが知られている。

コラム　おじさんがDを「デー」と言う

　Dを「デー」、Tを「テー」というのか、加齢によるものとは一概に言えない。少なくとも著者が初めて所属した会社の新人研修では、そう発音するように教育された。

　理由は当時、Dを「ディー」Tを「ティー」と発音するとE（イー）と聞き間違いが発生することからだと説明された。特に電話ではこの聞き間違いが発生するとされている。

　電話で聞き間違いが発生する理由は、その仕様による。電話では、音声周波数帯を定め、一般的な会話では必要ない周波数をカットしている。

　逆にこのことが、2000 年代初頭からの ADSL を支えていたといっても過言ではない。ADSL では音声で利用していない周波数帯を利用してデータの送受信をしている。

第4章　情報セキュリティ

　情報推進処理機構（IPA）は、情報処理技術者試験を実施している。内容は「シラバス」として提示され、大きな変更があったとき、試験区分も含め追加・修正されることもある[15]。次の図は、現在の試験制度を図示したものである。

図1：現行の試験区分（2017年春期から）　　出所：IPA（2017）より抜粋

　これを概観すると、「情報処理『技術者』試験」と銘打ちながらも、その区分に「ITを利活用する者」というカテゴリがあることが分かる。1994年[16]に「初級システムアドミニストレータ試験」が設定された。これまで技術者向けの資格ではなく、業務

---

15. 1969年からの資格試験の変遷が次にまとめられている。参考：https://www.jitec.ipa.go.jp/1_11seido/shiken_hensen.jpg
16. 正確には1996年にこの名称となっている。それまでは「システムアドミニストレータ試験」という名称であった。参考：https://www.jitec.ipa.go.jp/1_11seido/shiken_hensen.jpg

第2部　情報と「社会」

の情報化に対して「利用者」の立場からその推進ができる者に対する内容であった。その後、全ての社会人に必要なITに関する基本的な知識をもつ者に対する「ITパスポート試験」が2009年より実施されている。

　さらに、2016年からは「情報セキュリティマネジメント試験」が開始された。かねてからの、技術者向けともいえる「情報セキュリティスペシャリスト」[17] だけではなく、ITを利用する側、つまりユーザレベルでもセキュリティを標準的に考える時が来たことを示している。

　「情報セキュリティマネジメント試験」は資格試験であるため、どのようなキーワードが「情報セキュリティ」に関係するのかが、情報推進処理機構 (2016b) から、おおよそをつかむことができる。本章ではこれを基本に、まず知っておくべきキーワードとその説明、さらに対応方法を示す。

4-1. 情報セキュリティの要素

　情報セキュリティには、「機密性」「完全性」「可用性」の3つの要素がある。この3要素は情報セキュリティの分野ではよく知られている。

　「機密性」は、権限のある者 [18] のみが情報を利用できるようにすることである。これは権限のない者には利用させない、という意味でもある。「完全性」は、情報が完全で正確であることを指す。これは、改ざんをさせないことも意味する。「可用性」は

---

17. 廃止され、「情報処理安全確保支援士」に引き継がれる。

18. JIS Q 27000:2014 では、「エンティティまたはプロセス」と表現されている。エンティティとは、「実体」の意で、情報を扱う者・組織・ハードウェア・ソフトウェアなどを指す。

— 110 —

権限のある人であれば必要な時に情報を利用できることをいう。これはシステムや電源を多重化し、情報利用の時間を止めないことも意味する。

この3要素にさらに「真正性」「責任追跡性」「信頼性」を加えることがある。これらのキーワードに関することにすでに無意識に取り組んでいるかもしれないし、全く手つかずの状態かもしれない。まずはユーザ個人でできる範囲から始めてみよう。

4-2. マルウェア

ウィルス対策ソフト

コンピュータを購入すると、ウィルス対策ソフト（アンチウィルスソフト）がインストールされていることがある。ウィルス対策ソフトは、PCだけではなくスマートフォンやタブレットにもインストールすべきである。

インストールが完了すれば、それで「安全」とはいかない。まずインストール直後に、ウィルス対策ソフト自体を最新版にアップデートし、ウィルス対策ソフトのパターンファイル（ウィルス対策ソフトによっては、「ウィルス定義ファイル」または単に「定義ファイル」と呼ばれている）を最新のものに更新する。

その後、フルスキャン（または「完全スキャン」と呼ばれている）で、コンピュータの中身をすべて漏れなくウィルススキャンする。もしマルウェアが発見された場合、コンピュータがネットワークに接続されていた場合、直ちにネットワークから切断[19]し、検疫（ウィルス対策ソフトによる駆除）を実施する。

---

19. マルウェアが発見された時には、そのコンピュータがすでにマルウェアの発生源となっている可能性があるため。

第2部　情報と「社会」

　マルウェアの侵入経路はさまざまである。まずメールに添付されてくるファイルが挙げられる。添付されてきたファイルを開く際は、まずウィルスチェックが必須である（ソフトウェアの設定によっては自動的にチェックがかかっている場合もある）。

　また、他人の USB メモリに入っていたファイル経由でのマルウェア感染も考えられる。自分は対策をしていても、他人は対策しているとは限らない。よって、特に他人から提供されるファイルはチェック対象とするべきである。その他詳細は、「個人でできるセキュリティ対応に向けて」（P.114）で述べる。

バックアップ

　システムやデータはいつ失われるか分からない。他者のアクセス（マルウェアやその他攻撃）によって失われる場合もあるし、機械的な故障や寿命がその原因となる。

　そこで、バックアップは必ず取る習慣を身につけたい。バックアップにはいくつかの方法があるが、以下のポイントに最低限をまとめた。

　　a.　定期的にバックアップする
　　b.　システム（OS など基本になる部分）に関わるアプリケーションのインストールの前にバックアップする
　　c.　物理的に異なる記憶装置へバックアップする
　　d.　数世代前のバックアップファイルも保存しておく

　a. の定期的にバックアップするに関しては、バックアップの習慣化でデータの消失・喪失を防ごうというものである。第1部で示した、上書き保存のショートカットキー（Ctrl + s）も、

— 112 —

慣れてくると気がつけば指が勝手に動いているようになる。それと同じような「クセ」を定期的なバックアップでも身につけたい。

b. のシステムに関わるアプリケーションのインストール前にバックアップに関して、まず大きな変更がいつ起こるのかを知る必要がある。Windows ユーザであれば誰もが必ず遭遇するのが、Windows Update である。まさに OS（≒システム）に対して、何らかの修正を加えるものが Windows Update である。毎月第2水曜日が配信日になっているため、Windows Update の前日を「a. 定期的にバックアップする」日にするとよいかもしれない。

c. の物理的に異なる記憶媒体へバックアップするに関しては、同じデータを物理的に同じ記憶媒体にバックアップしても意味がないことを示す。例えば1台の HDD が故障したとする。おなじ HDD にバックアップのつもりでデータをコピーしておいても、HDD は破損しているため、データを復旧することが不可能である。よってバックアップ先には、必ず異なる記憶媒体を選択するべきである。

最後に、d. の数世代前のバックアップファイルも保存しておくに関して述べる。複数世代のバックアップが残っている場合、例えば何らかの原因でバックアップに失敗してしまった場合でも、もう一世代前のバックアップが残っているため、一部のデータは失われるが、復旧がある程度可能となる（傷口は浅い）。また、時間経過によって、過去に必要ないと考え削除したデータがあった場合、複数世代のバックアップがあれば、復旧可能である。

現在では、手動でのバックアップだけではなく、バックアップを支援するソフトウェアもある。また、データの冗長性を確保するために、RAID[20] を構築することもある。ここ数年、家庭での利用を想定した RAID 製品も発売されている。

第2部　情報と「社会」

　RAID は数多くの種類があるが、最も基本的な RAID1 について説明する。RAID1 はミラーリングといい、同じデータを複数の記憶媒体に書き込む。データを二重化することができる反面、記憶媒体は単純に倍になる[21]。

　Apple のコンピュータでは外付けの HDD などを利用した Time Machine という仕組みがある。コンピュータが家庭へ普及し始めたころと比較すると、バックアップに関する様々な環境が揃っているため、その敷居も下がった。

個人でできるセキュリティ対応に向けて

　特にインターネットに接続されたコンピュータを利用していると、ウィルス対策ソフトで述べたように、悪意のあるソフトウェアの脅威に常にさらされていると考えるべきである。悪意のあるソフトウェアによってデータを失ったり、改ざんされたりする場合もあれば、別の攻撃目標の踏み台として使われたりすることもある。

　この「悪意のあるソフトウェア」のことをマルウェア（malware[22]）と呼ぶ。マルウェアには、その動作の仕方や特徴によって、多くの種類がある。

　まず「ウィルス」がある。ウィルスは何らかのプログラムやファイルに感染（寄生）して侵入し、増殖する。次に「ワーム（worm）」はウィルスとは異なり、独自で動作する。

　「トロイの木馬」は、その動作から有名な故事になぞらえてい

---

20. RAID は Patterson *et al.* (1988) によって考え出された。

21. 冗長性を持たない RAID0 という仕組みもある。

22. 悪意のあるプログラミングを意味する Malicious Software の Malicious と Software を組み合わせた造語。参考：http://www.kaspersky.co.jp/threats_faq

第 4 章　情報セキュリティ

る。一見、有用なプログラムやファイルに見せかけながらも、悪意をもった動作をする。厄介なことに、「スパイウェア」と呼ばれる、コンピュータ内部の情報（個人情報など）を抜き取るものもある。

「バックドア（backdoor）」と呼ばれる、ユーザが意図しない通信経路を仕掛けるものもある。裏口の意味が示す通り、遠隔で自分のコンピュータが操作される経路となる。これらのマルウェアに対応するために、最低限やるべきことを以下に挙げる。

a.　ウィルス対策ソフトを適切に利用する
b.　OS やアプリケーションに必ず最新のセキュリティパッチをあてる
c.　ファイヤウォールを有効にする

a. に関しては、すでに「ウィルス対策ソフト」で述べた。導入だけでなく、その後の運用（パターンファイルの更新など）にも気を使うべきである。

b. に関しては、十分に配慮が必要である。Windows は非常に緊急性が高いものに関しては即時、一般のセキュリティパッチ（また機能向上パッチ）が、毎月決まった曜日に配布される。適用に非常に時間がかかることもあるため、それを嫌うユーザもいるかもしれない。しかし「穴が開いた」状態の OS では、マルウェアの感染を防ぐことができない。

OS だけでなく、アプリケーションも最新版にしておくとよい。理由は旧版のセキュリティホールへの対応がなされている可能性があるからである。

c. については、Windows の場合は標準で有効になっている。ファイヤウォール（Firewall）とは、ネットワークからの不正な

— 115 —

第2部　情報と「社会」

通信を防ぐための仕組みである。一般的にウィルス対策ソフト
を併せて利用される。

2012年頃に起きたパソコン遠隔操作事件では、初期段階で真
犯人ではなく、感染したコンピュータの所有者が犯人として捜
査されたり、逮捕されたりしている。また知らず知らずのうちに、
DDoS攻撃（Distributed Denial of Service attack）[23] の踏み台さ
れないよう、十分に対策をするべきである。

4-3. ソーシャルエンジニアリングに対して

コンピュータの技術的な方法だけではなく、人間の行動や心
理を利用して不正に情報を入手することを、ソーシャルエンジ
ニアリングという。おそらく、パスワードに管理については、
耳にたこができるほど、その管理方法について聞いていること
であろう。

しかし、それ以外のシーンでも人間は案外脆い存在であり、
気がつけば情報漏洩の発端となる。さらにそれがシステムに悪
影響を与えることもある。まず、コンピュータ破棄の際、どの
ように HDD を扱うかを考える。

捨てる側としては、さして問題はないかもしれないが、HDD
には過去に書かれた情報が残ったままになっている。秘密にし
たいファイルやフォルダをごみ箱に入れて削除したとしても、
さらにごみ箱を空にしても、それらはディスクからは完全に消
えていない。その HDD が悪意を持つ第三者に渡ることは避けた

---

23. 複数のコンピュータから、攻撃対象に対して、一度に大量のリクエストを送り、サー
バの機能を停めてしまう攻撃のこと。「踏み台」となっているという場合、複数の
コンピュータに該当する部分が、攻撃用マルウェアに感染した無関係のユーザが
持つコンピュータということになる。

第4章　情報セキュリティ

い。

　読み取りを不可能にするには、HDD を本体から外して、ドリル等で物理破壊する必要がある。物理破壊を確実に実施する専門の業者もあることから、その重要性がわかる。

　また、クレジットカードやパスワードの「扱い」は適切かを検討する。クレジットカードを使う機会は、特に学生の場合、卒業後は増えると思われる。

　カードを店員に渡した後、カードリーダに通し、手元に戻ってくるまでカードが見えない時間帯はなかったかを確認したい。もしカードが一瞬でも自分の視野から無かった場合、その隙にスキミング[24] されている可能性がある。

　またパスワードに関しても、紙に書いておらず、記憶しているから安心とはいえない。外出先の喫茶店で作業をする際に、後ろからキータイプを覗かれていたら、ID とパスワードが第三者に漏れることとなる。他人がコンピュータにパスワードを入力する際には、わざと後ろを向いて、その操作を見ていないよう振る舞うなどの所作も、情報を扱う者として必要である。

---

24. 磁気カードの情報がコピーされ、それが不正利用されること。IC カードタイプでは一瞬でのスキミングは難しいとはされている。今後、クレジットカードは、IC カードタイプに置き換わっていく予定である。

— 117 —

第5章　情報モラル

第5章　情報モラル

　第1部の特にSNS利用の部分で、ネットワーク上での情報発信での注意点を述べた。本章ではそれ以外にも、コンピュータが持つ特徴である「容易な複製」がもたらす問題について述べ、さらに適切な引用についても示した。

5-1. 著作権
　著作権は、知的財産権の一部として位置づけられている。知的財産及び知的財産権は、知的財産基本法によって以下のように定義されている。以下は、知財財産基本法の一部である。

　　第二条　この法律で「知的財産」とは、発明、考案、植物の新品種、意匠、著作物その他の人間の創造的活動により生み出されるもの（発見又は解明がされた自然の法則又は現象であって、産業上の利用可能性があるものを含む。）、商標、商号その他事業活動に用いられる商品又は役務を表示するもの及び営業秘密その他の事業活動に有用な技術上又は営業上の情報をいう。
　　2　この法律で「知的財産権」とは、特許権、実用新案権、育成者権、意匠権、著作権、商標権その他の知的財産に関して法令により定められた権利又は法律上保護される利益に係る権利をいう。

　法律を読んだだけでは理解が難しいかもしれない。そこで、特許庁の「知的財産権について」を説明したWebページ（特許庁, 2016）を読み、理解を深めて欲しい。そのうえで、現在のコンピュータ環境やインターネット上で起こりうる現象を検討する。

— 119 —

第2部　情報と「社会」

　インターネットでは、PCやスマートフォンなどを利用し、容易に情報にアクセスすることができる。その容易さは、複製にも至る。では知的財産権のなかの著作権にフォーカスし、その存在理由を著作権法（一部）で確認する。

　第一条　　この法律は、著作物並びに実演、レコード、放送及び有線放送に関し著作者の権利及びこれに隣接する権利を定め、これらの文化的所産の公正な利用に留意しつつ、著作者等の権利の保護を図り、もつて文化の発展に寄与することを目的とする。

　よく著作権の考え方が無ければ、作家は食べていけないという論議がある。それもある意味正しい。しかし、法的には「文化の発展に寄与すること」までを目的としていることが分かる。
　「巨人の肩に立つ」という慣用句がある。先人たちの積み重ねに基づき、なにかを作り上げることを意味する。まさに著作権の目的を指していると言っても過言ではない。
　逆に著作権で保護されないものも挙げる。まず憲法や法律である。その他告示・通達・判例なども対象外である。ただし判例など個人情報を含むものに関しては、別な制限がある。
　また、著作権が消滅したものも保護されないものに該当する。なお著作物や著作者の性質によって、保護期間は異なる。著作権が消滅した作品や著作権者が許諾した作品は、青空文庫（http://www.aozora.gr.jp/）で有志によりコンピュータで読める形式に入力したものが公開されている。映像作品では、世界初のSF映画として名高い「月世界旅行」（1902年）の著作権消滅が知られる。
　また、そもそも著作物にあたらないものある。アイデアはそ

— 120 —

第5章　情報モラル

れだけでは保護対象にならないため、文書などにして（＝著作物にする）おく必要がある。

　単なるデータも著作物にあたらない。例えば電話番号や時刻表、気象データなどがそれにあたる。理由は、これらデータには創作性がないためである。

5-2. 情報を適切に扱う

　レポートなどの課題において、コピペ（コピー＆ペースト）問題の発生が後を絶たない。インターネットでの情報への容易なアクセスと、複製可能環境が生む行為であろう。デッドコピーと呼ばれる、一言一句複製（コピペ）したものはもちろん、語尾や言い回しの仕方に変更を加える行為も許されない。

　読み手は、語尾をはじめとした文章の表現、フォントやそのサイズ、何より全体的な雰囲気から、おおよそのコピペを見つけることができることがある。現在では機械的にそのチェックも可能となった[25]。

　コピペと表現すると、軽い印象を受けるかもしれない。しかし、コピペは剽窃・盗用であり、不正行為である（文部科学省, 2014）。

　またレポートなどの課題だけでなく、例えば Web ページの開発において、コンテンツを記述する際にコピペしてしまうと、サーチエンジンに重複したサイトと判定されてしまい、検索結果のランキングに影響がでる場合がある。この場合、剽窃・盗用としてだけではなく、Web ページそのものにも不利益を生じ

---

25. 例えば、コピペルナーという、コピペしているかどうかの判定を支援するソフトウェアがある。また、コピペを判定する Web アプリケーションもある。参考：
http://www.ank.co.jp/works/products/copypelna/

第2部　情報と「社会」

させることになる。

　コピペは論外として、ではどのようにすれば剽窃・盗用とならないかを示す。まず、書いた文章や主張が「自分オリジナルであること」が大前提となる。

　次に、引用をするのであれば引用部分を明確にし、出典を示す。レポートや論文では、引用部分をカッコで囲んでその内容を示す方法や、長文については引用と分かるようインデントを調整のうえ出典を示す方法がある。また、引用した内容を要約している場合にも出典を示す（要約をしても、もちろん意味を変えてはならない）。なおそのまま引用した場合を直接引用、要約して引用した場合を間接引用という。

　また、引用の「量」について、その適切な程度を問われることがある。引用において、まず量という発想を捨て、「質」ではどうかを検討したい。具体的には、自分の文章（引用元）と、引用先の文章の関係が、主従にある必要がある。必然的に、引用先の文章よりも自分の文章量が長くなっているはずである。また、本当に必要である部分・場合にのみ、引用の対象とすべきである。

　最後に、引用をした場合出典を必ず記述する。出典の記述スタイルは多くある。例えば、情報処理学会のスタイルもあれば、日本心理学会のスタイルもあるし、その他アメリカ心理学会のAPAスタイルもよく知られている。

　スタイルは多くあるが、そこに書かれている情報で引用先に必ずたどり着くことができる点では一致している。なお本書では、以下を採用している（本書の参考文献部分も参照）。

　また、参考文献として一覧を作成する方法も多い。本書では、まずアルファベットで始まる著者をアルファベット順にし、そのあとに日本語で始まる著者を、読みが五十音順になるよう文

— 122 —

献を一覧にしている。

【書籍の場合】

著者名（出版年）『書籍名』出版社名.

【学術雑誌の場合】

著者名（出版年）"論文タイトル", 雑誌名, 巻数, 号数, ページ.

【Web ページの場合】

Web ページ作成者（作成年）「Web ページタイトル」[26] URL（最終閲覧日）

一方、事実であるため引用が必要ない場合（引用のしようがない場合）もある。例えば以下の文章を想定する。

久留米市は福岡県の南部、筑後地方に位置している。人口は 30 万ほどで、2008 年に中核市となった。

上記は、執筆時点（2017 年 3 月）においては間違いなく事実（周知の事実）である。よって、よほどのことがない限り、その根拠を示す必要はないだろう。しかしながら、総務省統計局のデータ[27] で、その人口を確認したり、本当に中核市であるかどうかを調べたりすること[28] も、もちろん重要である。

---

26. Web ページのタイトルは、画面の表示で分かるものがない場合、HTML のソースコードを読み、title タグで示されたものを示している。

27. 総務省統計局, http://www.stat.go.jp/

28. たとえば、総務省の資料「中核市一覧」から、久留米市は 2008 年に中核市に移行したことがわかる。参考：http://www.soumu.go.jp/main_content/000457455.pdf

第2部　情報と「社会」

5-3. インターネット上の情報を適切に扱う

　Web ページの内容は、事実かどうかわからないものもある。特別な理由がない限り Web 上の百科事典の代表格である Wikipedia からの引用は避けるべきである。Wikipedia の記事の信頼性を判断するのは、非常に難しい。しかし、Wikipedia の記事を見ると、その根拠となる内容には、やはり引用がなされていることに気づくはずである（Wikipedia エディタの独自研究[29] や、周知の事実などは除く）。

　つまり Wikipedia からの引用は、引用して作成された文章をさらに引用することとなる。これは引用のなかでも「孫引き」（引用の引用）と呼ばれる、やってはならない行為の一つである。

　孫引きを避け、必ず一次資料にアクセスし、内容を確かめるべきである。一次資料がどうしても手に入らない場合（例えば外国語のなかでも英語以外のものや、古すぎて手に入らない場合などがある）は、孫引きであることを一筆添える。

　Wikipedia 以外でも、引用をしたい Web ページがある場合もある。しかし前述のとおり、Web ページの場合では、そもそもその記述が一次資料なのか、内容は正確であるかなどに、疑問が残る。

　そこで、Web ページの引用の場合は、その責任者（しばしば Web マスターとよばれる）・団体・著者などが明確でない限り、

---

29. Wikipedia の内容方針の三大方針の一つに「独自研究は載せない」がある（https://ja.wikipedia.org/wiki/Wikipedia:%E7%8B%AC%E8%87%AA%E7%A0%94%E7%A9%B6%E3%81%AF%E8%BC%89%E3%81%9B%E3%81%AA%E3%81%84）。しかし、実際の記事を見てみると独自研究ではないかという指摘がなされている部分も散見される。なおあと二つの方針は、「中立的な観点」（https://ja.wikipedia.org/wiki/Wikipedia:%E4%B8%AD%E7%AB%8B%E7%9A%84%E3%81%AA%E8%A6%B3%E7%82%B9）と「検証可能性」（https://ja.wikipedia.org/wiki/Wikipedia:%E6%A4%9C%E8%A8%BC%E5%8F%AF%E8%83%BD%E6%80%A7）である。

— 124 —

第 5 章　情報モラル

引用の対象とするべきではない。本書でも多くの Web ページを参考文献として挙げている。

　しかし、よく引用先を確認してほしい。省庁や大学の Web ページやデータ、企業のニュースリリースなど、その責任者や団体、著者が明確なものばかりであることが確認できるはずである。とはいえ、これもその内容や URL が変更されてしまう可能性から、URL の最後に「最終閲覧日」や「最終取得日」と呼ばれる日付を書くのが一般的である。

　繰り返すが、インターネットの情報は書き換えや削除が可能である（このことは良いことでもある）。よって、誰もが間違いなく根拠となる情報にたどり着けるわけではなくなるため、できる限り Web ページからの引用は避けたい。

　一方、統計データなどが、様々な省庁よりインターネット上に掲載されるようになった。かつては「白書」や「報告書」などと呼ばれる刊行物の出版を待つ必要があった。現在、PDF ファイルだけでなく、オープンデータの流れから、誰でもアクセスできるデータ形式でも提供されるようになりつつある[30]。かつては印刷物からデータを拾い上げていたことを考えると、格段にデータの扱いが楽に、そして正確になったと言える。こちらは今後、積極的に利用していきたい。

5-4. その他の情報を適切に扱う

　前項までで著作権で問題となりうるなかでも、特にコンピュー

---

30. 公共データを「透明性・信頼性の向上」「国民参加・官民協働の推進」「経済の活性化・行政の効率化」の 3 つを意義・目的として活用する電子政策オープンデータ戦略が策定されている。参考：http://www.kantei.go.jp/jp/singi/it2/pdf/120704_siryou2.pdf

第2部　情報と「社会」

表5：著作物の種類

言語の著作物	論文、小説、脚本、詩歌、俳句、講演など
音楽の著作物	楽曲及び楽曲に伴う歌詞
舞踊、無言劇の著作物	日本舞踊、バレエダンスなどの舞踊やパントマイムの振り付け
美術の著作物	絵画、版画、彫刻、漫画、書、舞台装置など（美術工芸品も含む）
地図、図形の著作物	地図と学術的な図面、図表、模型など
映画の著作物	劇場用映画、テレビ映画、ビデオソフトなど
写真の著作物	写真、グラビアなど
プログラムの著作物	コンピュータ・プログラム

出所：著作権情報センター（2015）より作成

タ環境やインターネット上での文章の適切な扱い方を述べた。次に、その他注意すべき点を述べる。著作物は、文章だけではなく多岐に渡る。

　私的使用のための複製や学校における複製など例外もあるが、その利用範囲には十分に注意したい。私的使用であっても、DVD などのコピーガードを外したり、暗号化されたものを許可なく復号したりする複製は違法であるとされる。

　「プログラムの著作物」は「ソフトウェア」と読みかえるといいだろう。ソフトウェアには一般的に著作権者の定めたライセンス契約がある。ソフトウェアがインストールできる台数や期間、ユーザなどが書かれている。かつて、司法試験予備校がそのコピーと利用によって、損害賠償が求められた事件も起きている。

　また、ソフトウェアには「フリーソフトウェア」と呼ばれるものがある。その語より「無料」である印象を持ちがちであるが、

— 126 —

もう一つ「自由」という意味もある。フリーソフトウェアの定義はさまざまであろうが、GNU Project のものが最も知られているものの一つである。

GNU Project のフリーソフトウェアの定義に、特徴的な記述がある。「But regardless of how you got your copies, you always have the freedom to copy and change the software, even to sell copies.[31]」（GNU Project, 2016）とあるように、一般に考えられている以上に「フリー」の意味は単なる無料ではなく、広いことが示唆される。

GNU Project はフリーソフトに対する考え方を示したことをはじめ、さらにはソフトウェアをはじめその他の著作物に関しても影響を与えたといっても過言ではない。例えば「コピーレフト」という考え方がある。

その後、新しい考え方として「クリエイティブ・コモンズ・ライセンス[32]」が生まれた。このライセンスは、インターネットとの親和性が高く、その仕組みを機械可読な RDF[33]（Resource Description Framework）でも提供している。クリエイティブ・コモンズ・ライセンスでは、著作者自身が利用する条件を提示する。条件は、次ページの表の種類またはその組み合わせにより、「表示」「表示−継承」「表示−改変禁止」「表示−非営利」「表示−非営利−継承」「表示−非営利−改変禁止」の6つがある（コモンスフィア, 2009）。

このような新しい考え方が生まれた背景には、法整備が追い

---

31. 著者訳：しかし、どのように自分のコピーを入手したかに関係なく、いつでもコピー・修正の自由をもっており、それには販売も含まれる。

32. クリエイティブ・コモンズ・ジャパン, https://creativecommons.jp/

33. XML で記述される、メタデータ（データのためのデータ）のための枠組みのこと。

第2部　情報と「社会」

表6：クリエイティブ・コモンズ・ライセンスの基本種類

種類	アイコン	意　　味
表示	（アイコン）	作品のクレジットを表示すること
非営利	（アイコン）	営利目的での利用をしないこと
改変禁止	（アイコン）	元の作品を改変しないこと
継承	（アイコン）	元の作品と同じ組み合わせのクリエイティブ・コモンズ・ライセンスで公開すること

出所：コモンスフィア（2009）から作成

つかない情報化社会の急速な発展が理由として考えられる。実際に、フリーソフトウェアの考え方、そして定義がなければ、インターネットの基礎ともいえる OS である UNIX と、その周辺技術の発達はなかったであろう。また、インターネットのように、著作物（作品）発表の場や形、形式に定めがない情報空間では、ユーザ自身がボトムアップ的にその仕組みをつくる必要があった。

　基本的な考え方、対応方法、新しい方略を示した。しかし、著作権は、権利や産業を保護するためのものではない。「文化の発展に寄与」するために、適切な対応が必要である。

第6章　さらに学習を深めるうえで参考になる 文献ガイド

　本章では、第2部の内容をさらに深く学習するための文献を紹介する。第2部で扱わなかった部分や説明が足りない部分を補完できる。

伊達康博（2010）『IT 社会における情報社会論』学文社.
　第2部よりもさらに詳細な内容を扱っている。特に歴史的変遷については様々な切り口から紹介がなされており、情報化社会の全体像を把握できる。

C&C 振興財団（編）（2005）『コンピュータが計算機と呼ばれた時代』アスキー.
　日本の「計算機」の歴史を、多くの写真資料とともに紹介している。過去の遺産のような気もするが、当時は自由な発想（＝発明）とその実装によってコンピュータが作られていたことを垣間見ることができる。

情報処理学会 歴史特別委員会（編）（2010）『日本のコンピュータ史』オーム社.
　前述の「コンピュータが計算機と呼ばれた時代」より詳細に日本のコンピュータ史を示したもの。こと、ワープロ専用機（かな漢字変換については特に）について詳細に紹介している文献は多くはないため貴重である。また、情報技術分野の主要プロジェクト（例えば「第五世代コンピュータプロジェクト」や「未踏ソフトウェア創造事業」）などについて知ることができる。

第2部　情報と「社会」

白石弘幸（2010）『企業経営の情報論』創成社.

　野中・竹内（1996）によって知識経営の考え方が経営学で生まれた。第2章 企業とコンピュータの中で、データとコンピュータの関係、情報とコンピュータの関係の変遷について紹介した。その後の、情報と知識経営の関係を明らかにしている。

noa（2016）『2017年度版 情報倫理ハンドブック』noa.

　教育現場向けのため、一般・ネット書店に流通していないが、noa出版のサイトから入手できる。新書サイズでコンパクトに情報倫理がまとまっており、インターネットをはじめとする情報機器を初めて利用する者、またはこれまであまり考えずに利用していた者には有用である。毎年3月末頃に新しい版が出る。

山浦晴男（2012）『質的統合法入門 考え方と手順』医学書院.

　KJ法（川喜田，1967）（川喜田，1970）という問題解決手法がある。そのKJ法に準拠した手法として、山浦の質的統合法がある。文献によっては、出所を明らかにするために「質的統合法（KJ法）」と書かれている場合もある。質的情報から問題解決に至るまでの手順が示されている。現在、山浦は地元住民を巻き込んだ地域再生プログラムを、質的統合法で取り組んでいる。

参考文献

Bell, D. (1973) "The Coming of Post-Industrial Society: A Venture in Social Forecasting" Basic Books. (ダニエル・ベル, 内田忠夫ほか (翻訳) (1975)『脱工業社会の到来—社会予測の一つの試み (上・下)』ダイヤモンド社.)

Dartmouth College Computation Center (1964) "BASIC" Trustees of Dartmouth College.

Dearden, J. (1972) "MIS is a mirage", Harvard Business Review, Vol. 50, No. 1, pp. 90-99.

Google (2016)「安全性の高いパスワードを作成する」https://support.google.com/accounts/answer/32040?hl=ja (2016 年 12 月 27 日)

GNU Project (2016)「What is free software?」http://www.gnu.org/philosophy/free-sw.en.html (2017 年 2 月 15 日)

IBM (2011)「IBM 701」http://www-03.ibm.com/ibm/history/exhibits/701/701_intro.html (2017 年 2 月 16 日)

Inose, H., Sasaki, T. & Kato, M. (1975) "Experimental Network for Inter-University Computer Centers", Proceedings of the Pacific Area Computer Communication Network System Symposium, pp. 131-136.

Jcast ニュース (2014)「ユーチューブの動画投稿で生活する人　広告掲載で稼ぎ、会社辞める例も」http://www.j-cast.com/2014/01/01192077.html (2016 年 12 月 29 日)

JPNIC (2017)「IPv4 アドレスの在庫枯渇に関して」https://www.nic.ad.jp/ja/ip/ipv4pool/ (2017 年 2 月 19 日)

Mintzberg, H. (1972) "The Myths of MIS", California Management Review, Vol. 15, No. 1, pp. 92-97.

Moor, E. (1965) "Cramming More Components onto Integrated Circuits", Electronics, pp. 114-117.

Net Applications (2016)「Market share for mobile, browsers, operating systems and search engines｜NetMarketShare」https://netmarketshare.com/ (2016 年 12 月 23 日)

Neumann, J. (1945) "First Draft of a Report on the EDVAC", Between the United States Army Ordinance Department and the University of Pennsylvania, Moore School of Electrical Engineering, University of Pennsylvania.

Padegs, A. (1981) "System/360 and Beyond", IBM Journal of Research and Development, Vol. 25, No. 5, p. 377.

Patterson, D.A., Gibson, G.A. & Katz, R.H. (1988) "A Case for Redundant Arrays of Inexpensive Disks (RAID)", Proceedings of the International Conference on Management of Data (SIGMOD), pp. 109-116.

Saaty, T.L. (1980) "The Analytics Hierarchy Process" McGraw-Hill.

Simon, H.A. (1977) "The New Science of Management Decision" Prentice Hall College. (ハーバート A・サイモン, 稲葉元吉 (翻訳), 倉井武夫 (翻訳) (1979) 『意思決定の科学』産業能率大学出版部.)

Scott Morton, M.S. (1971) "Management Decision Systems: Computer-Based Support of Decision Making" Harvard University Press.

The University of Manchester (2005)「50th Anniversary of the Manchester Baby computer」http://curation.cs.manchester.ac.uk/computer50/www.computer50.org/index.html?man=true (2017 年 2 月 17 日)

Toffler, A. (1980) "The Third Wave" Bantam Books. (トフラー A., 鈴木健次 (翻訳), 徳山二郎 (翻訳) (1980)『第三の波』日本放送出版協会.)

Trustees of Dartmouth College (2014)「BASIC at 50」http://www.dartmouth.edu/basicfifty/ (2017 年 3 月 9 日)

U.S. Census Bureau (2016)「UNIVAC Ⅰ」https://www.census.gov/history/www/innovations/technology/univac_i.html (2017 年 2 月 16 日)

U.S. Department of Defense (1985) "DEPARTMENT OF DEFENSE PASSWORD MANAGEMENT" U.S. Government Printing Office.

Wiseman, C.M. (1985) "Strategy and Computers: Information Systems As Competitive Weapons" Irwin Professional Pub. (チャールズ・ワイズマン, 土屋守章 (翻訳), 辻新六 (翻訳) (1989)『戦略的情報システム―競争戦略の武器としての情報技術』ダイヤモンド社.)

Yan's (2003)「music_top」http://www.shima.mctv.ne.jp/~lovemac7/yan_menu/M_MU_TOP.htm (2016 年 12 月 28 日)

浅川毅 (2002)『基礎コンピュータ工学』東京電機大学出版局.

浅野正一郎 (1979) "大学間の実験的コンピュータ・ネットワーク (N-1 ネットワーク)", 情報処理, Vol. 20, No. 4, pp. 332-336.

歌代豊 (編著) (2007)『情報・知識管理』学文社.

梅棹忠夫 (1963) "情報産業論", 放送朝日, 1 月号 ,pp. 4-17.

大駒誠一（2002）『コンピュータ開発史』共立出版.

川喜田二郎（1967）『発想法－創造性開発のために』中公新書（136），中央公論社.

川喜田二郎（1970）『続・発想法－KJ 法の展開と応用』中公新書（210），中央公論社.

久留米大学（2006）"文学部情報社会学科"久留米大学 2007 大学・入試案内，pp.20-21.

コモンスフィア（2009）「クリエイティブ・コモンズ・ライセンスとは」https://creativecommons.jp/licenses/（2017 年 2 月 17 日）

近藤勲（編著）（2002）『情報と職業』丸善出版.

島田達巳，高原康彦（2008）『改訂第 3 版 経営情報システム』日科技連.

情報処理学会 コンピュータ博物館（2003）「日本のコンピュータパイオニア：石井 善昭」http://museum.ipsj.or.jp/pioneer/ishii.html（2017 年 2 月 17 日）

情報処理学会 歴史特別委員会（編）（2010）『日本のコンピュータ史』オーム社.

情報処理推進機構（2015）「情報処理技術者試験 IT パスポートシラバス－情報処理技術者試験における知識の細目－ Ver 3.0」https://www.jitec.ipa.go.jp/1_13download/syllabus_ip_ver3_0.pdf（2017 年 1 月 7 日）

——（2016a）「情報処理技術者試験 基本情報技術者試験（レベル 2）シラバス－情報処理技術者試験における知識の細目－ Ver 4.0」https://www.jitec.ipa.go.jp/1_13download/syllabus_fe_ver4_0.pdf（2017 年 1 月 7 日）

——（2016b）「情報処理技術者試験 情報セキュリティマネジメント試験（レベル 2）シラバス－情報処理技術者試験における知識の細目－ Ver 1.1」https://www.jitec.ipa.go.jp/1_13download/syllabus_sg_ver1_1.pdf（2017 年 2 月 14 日）

——（2017）「試験区分一覧」https://www.jitec.ipa.go.jp/1_11seido/seido_gaiyo.html（2017 年 2 月 15 日）

スコット・マッカートニー，小暮雅道（翻訳）（2001）『エニアック ― 世界最初のコンピュータ開発秘話』パーソナルメディア.（McCartney, S.（1996）"Eniac: The Triumphs and Tragedies of the World's First Computer" Walker & Co.）

総務省（2016a）「平成 27 年通信利用動向調査の結果」http://www.soumu.go.jp/johotsusintokei/statistics/data/160722_1.pdf（2016 年 12 月 29 日）

——（2016b）「平成 27 年情報通信メディアの利用時間と情報行動に関する調査」http://www.soumu.go.jp/iicp/chousakenkyu/data/research/survey/teleco

— 133 —

m/2016/01_160825mediariyou_gaiyou.pdf（2016 年 12 月 29 日）

著作権情報センター（2015）「はじめての著作権講座　著作権って何？」http://www.cric.or.jp/publication/pamphlet/doc/hajimete1-201603.pdf（2017 年 3 月 10 日）

竹腰洋一（1967）"国税庁の ADP センターができるまで", 情報処理, Vol.8, No. 1, pp. 31-37.

特許庁（2016）「知的財産権について」https://www.jpo.go.jp/seido/s_gaiyou/chizai02.htm（2017 年 2 月 14 日）

中田豊久（2013）"プログラミング学習の理解度とソースコードタイピングに関する考察", 情報処理学会研究報告コンピュータと教育（CE）, 2013-CE-121, No. 7, pp. 1-8.

日本ネットワーク・オペレーターズ・グループ（2011）「日本のインターネットは本当にロバストだったのか」https://www.janog.gr.jp/meeting/janog28/program/robust.html（2017 年 2 月 19 日）

野中郁次郎, 竹内弘高, 梅本勝博（翻訳）（1996）『知識創造企業』東洋経済新報社.

橋元良明, （株）電通総研 奥律哉, 長尾嘉英, 庄野徹（2010）『ネオ・デジタルネイティブの誕生―日本独自の進化を遂げるネット世代』ダイヤモンド社.

訪米 MIS 使節団, 日本生産性本部（編集）, 日本電子計算開発協会（編集）（1968）『アメリカの MIS －訪米 MIS 使節団報告書』ぺりかん社.

堀川新吾（2003）"経営情報システム概念の変遷", 名城論叢, 第 4 号, 第 2 号, pp. 75-88.

マイクロソフト（2015）「安全性の高いパスワードの作成」https://www.microsoft.com/ja-jp/safety/online-privacy/passwords-create.aspx（2016 年 12 月 27 日）

宮川公男, 上田泰（編著）（2014）『経営情報システム 第 4 版』中央経済社.

村上龍（2001）『e メールの達人になる』集英社新書, 集英社.

モイ（2016）「会社情報：モイ株式会社」http://about.moi.st/ja/company/（2016 年 12 月 31 日）

文部科学省（2008）「学士課程教育の構築に向けて（答申）」http://www.mext.go.jp/component/b_menu/shingi/toushin/__icsFiles/afieldfile/2008/12/26/1217067_001.pdf（2017 年 1 月 23 日）

――（2014）「研究活動における不正行為への対応等に関するガイドライン」http://www.mext.go.jp/b_menu/houdou/26/08/__icsFiles/afieldfi

le/2014/08/26/1351568_02_1.pdf（2017 年 3 月 12 日）

――（2016）「小学校段階におけるプログラミング教育の在り方について（議論の取りまとめ）」http://www.mext.go.jp/b_menu/shingi/chousa/shotou/122/attach/1372525.htm（2017 年 2 月 8 日）

安永尚志，浅野正一郎，北川一，田畑孝一（1978）"N-1 ネットワークにおける運用実験"，情報処理学会研究報告マルチメディア通信と分散処理（DPS），Vol. 1978, No. 5(1978-DPS-015), pp. 1-10.

あとがき

　本書の構想がスタートしたのは、2010年頃でした。このまま
スライド・プリント資料や板書、実操作例を見せて講義を進めて
も、短期記憶にしか届かないのではないか？　教科書で「伝え」て、
教科書に「書き」「残す」ことによって、将来の "あれ何だっけ？"
を回避できるのではないか？

　主にパソコン先生として講義を受け持っていた前任校では、常
にそう内省していました。近年は、学生が手足の如くOffice製品
を扱えるようにするのは当然であり、さらにその上のスキル修得
の期待も高まっているように感じていました。

　そこで、今までのような意味記憶での教授方法がうまくいかな
いのであれば、手続記憶（体で覚える）やエピソード記憶（経験
で覚える）を駆使する媒体と方法を開発するべきであろうと考え
ました。要するに「触って、創って、解る」という学習方法の基
本に戻ろうとしているわけです。

　本書では、一般的なことを書きつつも、あまりにも細かいこと
は省き、実生活に合わせた内容と、これまでなぜかあまり語られ
ることのなかった内容を盛り込みました。これは、意味記憶に訴
える部分と手続記憶・エピソード記憶に訴える部分のブリッジを
目指したためです。よって、他の教科書には見られない「あれ？」
と思うことが散見されると思います。この「あれ？」が脳の中の
栞として機能し、将来忘れてしまっても本書を取り出せば問題が
解決されることを祈っております。

　構想スタートから長い時間を要しましたが、出会い頭の事故の
ようなものに巻き込まれつつも、まるでタイトロープを平然と渡
るルチャドールのようにここに至ることができました。これは、
多生の縁と円環の理でしか説明がつきません。

まず学生時代の先輩である荒木崇さんには、田村社長とお引き合わせ頂き感謝しております。そして、本書の出版を現実のものとしてくださった梓書院の田村社長、リスケに次ぐリスケでご迷惑をおかけしながらも、様々な相談にのってくださった森下様、ありがとうございました。

　そしてご支援賜りました皆様に、心より御礼申し上げます。

2017 年 3 月 12 日　久留米大学 御井キャンパス研究室にて

川路 崇博

【著　者】

川路 崇博（かわじ たかひろ）

1974 年神奈川県生まれ、鹿児島県育ち。
いくつかの民間企業を経て、2003 年（有）Phase8 代表取締役、2009 年稚内北星
学園大学情報メディア学部情報メディア学科専任講師、2010 年大月市立大月短
期大学経済科助教（2013 年より准教授）、2015 年より久留米大学文学部情報社会
学科准教授。
専門は発想支援システムならびに地域イノベーション。
講義では、情報教育はもとより創造学に基づく知識創造の方法も担当。
博士（知識科学）。

【主要業績】

Entrepreneurial Activities and Residential Networks of Creative Areas in Japan
　　and Korea, Journal of Japanese Management, Vol. 1, pp. 15-26, 2016.（共著）
擬似的な前後方向の運動視差付き映像が社会的テレプレゼンスに及ぼす影響の評
　　価，情報処理学会論文誌，Vol. 55, No. 5, pp. 1509-1517, 2014.（共著）

情報発　情報・ネットワーク・社会

2017 年 4 月 1 日発行

著　者　川 路 崇 博
発行者　田 村 志 朗
発行所　㈱梓 書 院
〒 812-0044 福岡市博多区千代 3-2-1
tel 092-643-7075　fax 092-643-7095
印刷 / 青雲印刷　製本 / 岡本紙工
ISBN978-4-87035-604-7　©2017 Takahiro Kawaji, Printed in Japan
乱丁本・落丁本はお取替えいたします。
本書の無断複製は著作権法上での例外を除き禁じられています。